编译文库

政治

邢振江 著

公共安全多元协同治理研究

Research on Multiplex Collaborative Governance of Public Security

图书在版编目（CIP）数据

公共安全多元协同治理研究 / 邢振江著. -- 北京：中央编译出版社, 2024. 11. -- ISBN 978-7-5117-4791-4

Ⅰ. D630.8

中国国家版本馆CIP数据核字第2024W4V815号

公共安全多元协同治理研究

责任编辑	李媛媛　王　岗
责任印制	李　颖
出版发行	中央编译出版社
网　　址	www.cctpcm.com
地　　址	北京市海淀区北四环西路69号（100080）
电　　话	（010）55627391（总编室）　（010）55627307（编辑室） （010）55627320（发行部）　（010）55627377（新技术部）
经　　销	全国新华书店
印　　刷	佳兴达印刷（天津）有限公司
开　　本	710毫米×1000毫米　1/16
字　　数	143千字
印　　张	10
版　　次	2024年11月第1版
印　　次	2024年11月第1次印刷
定　　价	85.00元

新浪微博：@中央编译出版社　　微　信：中央编译出版社(ID: cctphome)
淘宝店铺：中央编译出版社直销店（http://shop108367160.taobao.com）　（010）55627331

本社常年法律顾问：北京市吴栾赵阎律师事务所律师　闫军　梁勤
凡有印装质量问题，本社负责调换。电话：（010）55627320

第一章 绪 论 … 1
第一节 基本概念与研究意义 … 2
一、概念解释 … 2
二、研究意义和目的 … 11
第二节 研究内容与研究方法 … 13
一、研究内容 … 14
二、研究方法 … 15
三、研究创新 … 16

第二章 研究动态 … 18
第一节 国外研究动态 … 18
一、关于公共安全治理的研究 … 18
二、关于公共安全协同治理的研究 … 21
第二节 中国学者对公共安全协同治理的研究 … 22
一、社会风险研究 … 22
二、多元主体治理研究 … 26
三、研究评述 … 27

第三章　社会公共安全多元协同治理的结构与机制 …… 29
第一节　社会公共安全治理的形式 …… 29
　　一、传统形式 …… 34
　　二、协同治理形式 …… 36
第二节　社会公共安全多元协同治理的要素 …… 39
　　一、治理主体 …… 43
　　二、基础因素 …… 56
　　三、架构基础 …… 63
　　四、地方组织体系 …… 70
第三节　社会公共安全多元协同治理的机制 …… 71
　　一、导向机制 …… 76
　　二、驱动机制 …… 81
　　三、协调机制 …… 84

第四章　社会公共安全多元协同治理的现实挑战 …… 87
　　一、制度不完善而带来的矛盾和分歧 …… 88
　　二、因执法权益而引发的行为越轨 …… 92
　　三、信息沟通、传达受阻而导致的决策失误 …… 94
　　四、社会组织体系的不健全影响了组织之间的协作 …… 101

第五章　公共安全多元协同治理的实现路径 …… 108
第一节　目标引导与基础构建 …… 111
　　一、协同治理的目标设定 …… 111
　　二、信任构建与技术应用：从试点到推广 …… 116
　　三、多元激励 …… 121
　　四、第三方警务 …… 122

第二节　构建多元协同机制，提升群众安全感，推动协同治理 …… 123
　　一、构建多元协同机制：从信任建立到共同协作 ………… 126
　　二、提升群众安全感，推动协同治理 …………………… 130
第三节　转变观念，增进信任，加强平台建设 ………………… 137
　　一、改变对于刚性管理的传统观念 ……………………… 138
　　二、以信任推动合作 ……………………………………… 138
　　三、加强协同治理的平台建设 …………………………… 141

结　论 …………………………………………………………… 145

参考文献 ………………………………………………………… 147

第一章 绪 论

安全是人类追求的基本目标和权利,它不仅是维系人类生存和发展的基石,也是国家和社会稳定发展的核心价值。一个社会若能有效保障公众的公共安全,就能最大限度地减少灾难与危机的发生,维护社会秩序,促进经济发展与社会和谐。社会公共安全不仅包括传统的治安、消防等方面,还涉及食品药品安全、环境保护、生物安全、信息安全等范畴。当这些方面的安全得到充分保障时,公众才能享受到和平与发展的成果,社会才能显现出活力和进步。然而,随着社会发展的复杂性增加,风险也随之增多。生产事故、交通事故、食品药品事故、环境污染等安全事故屡见不鲜。这些安全问题严重威胁着人民群众的生命财产安全。为了应对这些风险与挑战,政府和所有社会成员都有责任建立和完善社会公共安全治理机制。政府部门应发挥引导和监管作用,通过立法、执法、司法等方式,建立健全安全生产、安全消费、环境保护、公共卫生等公共安全制度,确保各项安全法规得到有效实施和监督。同时,政府部门也要积极开展各类公共安全教育和防范工作,提高全民防灾减灾的意识和能力。社会公共安全治理不应只依靠政府,社会各个方面的力量也应积极参与进来。企业要增强社会责任感,严格遵守安全生产法律法规,及时消除生产过程中的安全隐患;科研机构应加大投入,研发更安全环保的技术和产品;媒体和公众也要发挥监督作用,对违法违规行为进行曝光,共同维护社会公共安全。此外,我们还需要创新社会治理模式,树立共享、共治、共赢的理念。通过政、企、学、研、用的协助合作，建立起全面、多层次、宽领域的公共安全治理网络。总之，构筑社会公共安全的坚固屏障是一项系统工程，需要政府、企业、社会组织和每一位公民的共同参与和不懈努力。

第一节 基本概念与研究意义

一、概念解释

（一）风险与风险社会

1. 风险的内涵

在现代社会语境中，风险可被定义为在特定条件下，因多种不可预知因素而可能产生的不利结果或损害。风险主要呈现以下特点：

（1）不可预测性：风险的出现难以准确预估，其发生的时间、地点及影响程度均存在变数。

（2）潜在危害性：一旦风险成为现实，可能会对经济发展、社会稳定和生态环境等方面造成多层面的负面影响。

（3）可量化性：尽管风险存在不确定性，但通过运用概率论和统计学方法，可对其进行量化分析和评估，从而制定相应的预防和应对措施。

2. 风险社会的理论阐释

德国著名社会学者乌尔里希·贝克在其1986年发表的著作《风险社会：新的现代性的道路》（*Risikogesellschaft：Auf dem Weg in eine andere Moderne*）

中首次提出"风险社会"这一概念①。他深入探讨了现代化进程中科技发展、工业化和全球化如何使社会逐渐演变为一个充满风险的时代。

风险社会理论的核心观点包括：

（1）对现代性的再思考：风险社会理论对传统现代性理念提出质疑和批评。贝克指出，相较于传统现代社会关注财富创造和分配，风险社会更聚焦于风险的产生和分摊。

（2）风险的普遍性：在风险社会中，各类风险呈现出全球化和系统化特征。诸如科技灾难、环境污染和金融危机等风险已不再局限于某一国家或地区，而是具有跨越国界的影响力。

（3）知识体系和信任关系的变革：在风险社会中，科技既是风险的来源，又是应对风险的工具。这一矛盾导致公众对科技的信任度产生动摇，同时也要求社会在面对风险时更多地依赖专业知识和科学评估。

（4）政治和伦理领域的新挑战：风险社会对传统政治和伦理观念提出了新的挑战。决策者在制定政策时不仅需要考虑经济效益，还要权衡生态保护和社会公平等因素。这种新的思维模式催生了"生态政治"和"全球治理"等新兴政治议题。

总的来说，风险和风险社会是两个密切相关的概念。风险指的是可能导致不利后果的不确定事件，而风险社会则描述了现代社会在科技进步和全球化背景下所面临的日益复杂和多元化的风险挑战。有效应对这些风险不仅需要科技的支撑，更需要社会各界的通力合作和协调治理。

（二）社会公共安全

公共物品的概念最早由美国经济学家萨缪尔逊提出，他认为公共物品应该具有非竞争性和非排他性两种特征。这意味着公共物品的消费不会影响其

---

① Beck, Ulrich. *Risikogesellschaft: Auf dem Weg in eine andere Moderne*. Frankfurt am Main: Suhrkamp Verlag, 1986.

他人的消费需求，且任何人都可以免费享用。新制度主义理论的兴起促进了对公共物品的研究，如奥尔森强调公共物品是任何个体或群体都可以消费的对象，布坎南则指出公共产品应适用于不同集团或个人。尽管学者对公共物品的定义有所分歧，但强调了公共物品的整体效用性和消费统一性。社会公共安全治理是特殊形态的公共物品，表现出多个特征。

社会公共安全具有全体社会成员共同享用的性质，因此可以说是一种公共物品，然而其与一般公共物品又有着明显的差别，并不是一个具体的对象，而是一个抽象的概念。首先，社会公共安全作为一种社会状态具有特殊性，通常是由社会成员的主观意识而被感知到。这种主观意识判断有很多不确定性因素，因为公众对社会的感知和评价是受个人因素影响的，是主观的，所以当对同一个问题或概念的进行认识时，每个人的理解也可能不尽相同，可见社会公共安全也具有一定的主观性。其次，社会公共安全目前还没有一个明确的评判指标。因此，怎么去量化安全，没有一个固定的标准和规定，这使得社会公共安全在评价和衡量安全时缺乏固定和明确的标准。最后，社会公共安全治理能够以人们感官所感觉到的形式表现出来，如监控设备、消防设施等具体安全设施的建设以及安全标语的广泛宣传和传播。尽管这些实体表现能够传达安全的信息，社会公共安全也具有非直观性，但是在推动社会公共安全朝着更深层次发展时，还需要通过制度化的手段来实施。因此，社会公共安全既可以通过具体物质形态表现出来，又同时具有非直观性，需要结合实物的帮助，更需要通过制度化的建设和实施来起到双重保障。因此，在推动社会公共安全时，必须全面考虑到其复杂性和抽象性，结合具体的社会背景和行为主体的特点，采取因地制宜的措施和政策，以维护人民群众的生命财产安全，促进社会的和谐稳定。

社会公共安全作为一种特殊的公共物品，除了具有抽象性的感知特点外，其最主要的功能定位就是使公众安全得到有效的保障。尤其在社会逐渐进入风险阶段时，犯罪率显著上升，已经严重威胁到了公众的生命安全。传统的惩罚打击方式无法从根本上解决问题，而防范未然显得非常重要。因此，对于社会公共安全,需要从制度建设入手,例如加快法律法规和各项规章制度的构建,健全安全管理制度体系,为其提供制度化的保障和支撑。

社会安全和社会保障,作为西方学者探讨福利国家的两个核心概念,虽然在某些文献中可以互换使用,但它们又各自承载着不同的历史脉络和理论内涵。社会安全关注的是为社会成员创造一个没有恐惧、无须担忧未来的环境,其重点在于预防、管理和消除可能带来社会动荡和个人困境的各种危险和威胁。而社会保障则着重于通过社会福利体制为个体在面对各种社会风险和生活困难时提供必要的经济援助和服务。随着二战后社会经济结构的深刻变化及福利国家理念的广泛传播,社会保障的概念不断扩展和深化。它已经发展成为一个多维度的概念,涵盖了从最基本的经济保障到较为全面的社会福利政策,包括失业保险、医疗保险、养老保险等福利制度。在当今全球化的背景下,社会安全和社会保障的理念也在不断地国际化与本土化过程中进行相互借鉴与融合。不同国家和地区根据自身的社会结构、文化背景和经济发展水平,形成了多样化的社会保障体系。同时,国际合作和交流在社会安全保障领域也愈发频繁,共同的全球挑战如气候变化、跨国犯罪、恐怖主义等,也在促使各国在社会安全和社会保障领域开展更深层次的合作。综上所述,社会安全与社会保障是现代社会治理不可或缺的两个方面。随着时代的发展,这两个概念在理论与实践上都在不断地发展和超越,成为现代福利国家的基石。无论在发达国家还是在发展中国家,关注并投资于社会安全与社会保障领域,都是实现可持续发展、推动社会进步的关键路径。

马歇尔的研究深入剖析了"社会安全"概念的发展轨迹,最初定义为公众在生存与发展中的一种保护权利,庇护个体及家庭免受各社会风险侵害。随着时间推移,概念内涵得以拓宽:不光覆盖养老、医疗、失业等社会保险范畴,还扩至贫困、灾害救助等公共救助领域。这表明社会安全内容日渐丰富并不断完善。部分学者认为社会安全与社会保障实质上相似,都致力于确保社会成员的人身和财产安全,并构建相关的社会制度。此类制度的目的在于确保个体在面临不幸事件时,能得到政府和社会的生活支持,通过充足的经济援助、医疗服务等保护措施去构建安全网。

在《突发事件应对法》中，对社会安全事件的定义和特性有详细阐述，以区分自然灾害、事故灾难和公众卫生事件，确立法律基础和应对机制。周定平定义社会安全事件为由人为因素引起，需要紧急应对的社会安全领域内的重大事件，但这一定义并未全面揭示其内涵。国内学者通过研究强调广义社会安全概念中包含社会公共安全，还认为社会公共安全应覆盖生命安全、人身健康和财产保护。对社会安全事件的认识还有局限性，仍需深化对其理论框架的探讨和完善，为确保社会稳定和人民群众安全提供理论支持。

本书基于中国公共安全分类，从狭义角度界定社会公共安全，强调其对社会稳定的意义。基于社会公共安全在政府治理中的重要性，本书选择从公共管理视角探讨这一课题。作者认为社会公共安全建设涵盖了政治、文化、经济、生态与信息安全等领域。它通过加强对违法犯罪的监督管理，维护和谐社会秩序，以防止公众受潜在威胁，保障公众安全感。社会公共安全与公众生活密切相关，只有依法维护公众合法权益，才能提供安全保障服务。

公共安全是社会长期稳定状态的基础，它依赖物质和精神文化双重支撑，为公众提供广泛的安全保障。社会公共安全既需要公众主观认同，也依赖客观的保护措施，两者相互作用，确保社会的和谐稳定。在风险挑战复杂化、频繁化的新阶段，公众的安全需求提升，也要求社会公共安全体系的不断强化。此外，针对犯罪行为的有效打击和治理对维护社会秩序至关重要。公众安全受外在环境和社会结构威胁，其严重程度影响社会公共安全水平。社会公共安全可分为有序和失序两类状态。有序状态下，社会稳定，秩序井然；失序状态下，社会公共安全遭到破坏，分为四个失序层次。第一层次，部分区域受到灾难或犯罪事件影响，轻微至中度损害公众安全，引发不安与不满。第二层次，特定领域内事件对部分公众生命安全和财产造成重大伤害，社会秩序动摇。第三层次，严重犯罪事件破坏社会整体平衡，导致广泛恐慌和不安。第四层次，有组织犯罪泛滥，造成严重伤害，社会秩序面临崩溃，引起大规模恐慌和社会不稳定。维持和提升社会公共安全需社会各方面共同努力，不断完善法律和治安措施。

社会公共安全的维护是一个复杂而多维的任务，它在很大程度上依赖于警务工作的有力保障。警察的日常管理和周密监督使得他们成为社区安全的守护者，警察的职责包括但不限于保障社会公众的身体健康和生命安全，确保人们的人格地位得到尊重，以及保护私有财产不受非法侵犯。具体来说，社会公共安全的涵盖范围包括道路交通的公共安全，这意味着通过警务人员的努力，以此来确保道路交通秩序井然，保护公众在道路上的合法权益不受侵害。在财产公共安全方面，警察通过执行相关法律法规，来防止财产损失和犯罪行为，为公众提供一个安全的财产环境。对于生命与健康公共安全，警察部门通过预防犯罪和及时响应紧急情况，保护公众免受伤害，维护他们的基本生存权利。在人格地位的公共安全方面，警察工作的主要任务是保护公众个人肖像权、名誉权免受侵害和个人隐私权，从而维护社会成员的尊严和安全感。最后，在秩序安全领域，警察负责维护公共场合的和谐稳定，防止混乱和暴力行为的发生，这对于构建一个安全无恙的社会环境至关重要。警务人员在维护社会公共安全中扮演着至关重要的角色，他们的辛勤工作为公众的平安生活提供了坚强的后盾。

（三）社会公共安全治理

在风险社会背景下，社会秩序与稳定对维护社会公共安全至关重要。然而，近年来社会公共安全治理面临前所未有的考验，传统的理性官僚制度面临挑战，这促使社会资本崛起成为社会公共安全治理的重要力量。社会资本包含人际关系、信任和合作等元素，对社会的运行和安全起着关键作用。精细复杂的社会网络和多元复杂的社会资本为公共安全的发展提供了新的思路和方向。这种发展不仅对传统社会秩序构成补充，更是体制的创新和完善。在群体性事件的背景下，社会公众所承受的巨大社会压力与其对制度不信任直接相关。因此，在构建社会秩序过程中需要关注社会内部的动态和矛盾，以更有针对性的方式进行治理。公共管理学理论认为，虽然管理结构或许不会对传统的官僚等级制度带来直接威胁，但社会资本所体现的基于信任和协作的治理模式势必会对传统管理方式提出挑战。社会资本的崛起不仅是社会关系的变迁，更是对管理体制的深刻反思。社会秩序的维护不仅依赖政府治理，还需要政府与社会各界的协同合作。此外，自组织规范与合作秩序的影响需要充分理解和重视。自组织规范是指社会中形成的自发的、基于共同利益的合作秩序。政府需要密切关注这种自组织规范的形成和演变，以及其对整体社会秩序的影响。维护社会秩序需要建立完善的制度体系，以实时监测社会秩序的运行状态，及时处理问题，降低交易成本，提高社会成员的信任度。

根据后现代风险社会理论，社会契约理论对社会公共安全治理的发展具有显著影响。后现代风险社会理论强调，理性计算是影响行为的关键因素。这一理论指出，社会契约将对社会公共安全治理产生影响。19世纪初期，英国在社会公共安全治理研究领域取得了重大的进展，为社会治理体系的形成和发展奠定了基础。在这个时期，英国不仅提出了一系列创新的公共安全治理制度，还设立了现代警察管理机制，同时新增了许多监狱和收容所。这些举措为公共安全治理提供了范本。例如，现代警察管理机制建立了有效的治安维护机制。这一创新的模式提高了对犯罪的防范能力，并为日后其他国家的警务体系建设提供了范例。现代警察制度的出现标志着社会治理向更专业、制度化的方向迈进，为公共安全治理注入了新的活力。后现代风险社会理论认为，传统的基于家庭关系的"信任"关系在风险社会背景下并不适用，逐渐被基于契约关系的信任所替代，这也是社会公共安全治理良性发展的必然结果。随着风险社会的到来，人们对风险的重视程度加强，社会公共安全治理面临新的挑战。在这一过程中，公众的风险意识可能导致人们对社会公共安全的信任下降，忧虑和不安情绪频繁出现。同时，媒体在风险社会的传播中扮演着关键的角色。过度渲染风险事件、夸大事实的报道可能放大公众的恐慌情绪，对社会的稳定性产生消极影响。因此，媒体在传播风险信息时，应更加负责任地平衡报道，避免过度炒作和渲染，以免对公众心理产生不良影响。从现代社会治理的视角来看，利用社会契约理论和后现代风险社会理论为指导思想，科学而综合地优化社会公共安全治理体系，建立全面的公共安全治理体系是非常必要的。除了重视警务机制的现代化、整合社会资源优化社会网络等方面的努力外，还应重视加强公众教育，提高公众的风险防范意识，以及提升媒体的责任意识，避免过度炒作，确保风险信息传播的准确性。社会公共安全治理需要社会各界通力合作，打造更专业且高效的公共安全治理体系，以更好地适应风险社会的发展和变化，从根本上确保公众的安全和稳定。通过这些努力，才能更好地应对风险社会带来的各种挑战，建设更加安全、稳定的社会环境。

第三方机构与政府公共部门的协作，实现相互之间的协同与配合，也是十分重要的。基于设备的升级、诱因的控制以及限制性规则的优化等综合手段，对各种影响社会公共安全失序状态的因素进行监测与控制，是关键而复杂的任务。这包括加强社会治安设备的投入，提升监控能力，加大对风险区域的巡逻力度；探索犯罪诱因并加以消除，如提高教育水平、改善社会福利制度等；以及完善法律法规，完善社会管理体制和公共服务体系。此外，还可以通过对现有的风险预防机制进行优化与完善，及时发现犯罪隐患并有效规避，提升社会的整体安全水平。提出多部门协作的安全管理模式，强调对每一个安全网络节点的针对性治理与防治，为社会公共安全治理的建设与发展提供制度方面的支持与保障。这是适合中国社会公共安全治理发展的道路，应该得到政府以及公共部门的关注和重视。这一模式需要协调多个部门间的合作与沟通，统筹资源配置，构建多方合作的治理联动机制。同时，政府需要在政策制定与推广上发挥推动作用，为这一模式的顺利实施提供制度和政策上的支持。总之，社会公共安全治理需要从多个层面推进，而社区层面的自我控制和调整扮演着关键的角色。政府、社区居民、第三方机构共同努力，加强社区治安建设、优化规则、加强设备投入、完善风险预防机制等，共同为社会的犯罪预防和控制提供有力支持。通过综合治理、合作联动和资源共享，才能够更好地实现社会公共安全的治理和提升整体社会的安全水平。

随着后现代风险理论的提出与应用，我们在处理社会公共安全失序问题方面积累了丰富的经验，展示出了社会健康发展的宏观图景。公共秩序的稳定不仅仅取决于技术手段，更关键的是自组织社会控制网络的建设与发展。这一网络涉及众多领域，呈现出明显的无意识特征。为了满足社会公众对公共安全治理的需求，我们必须深入了解这一控制网络的作用和功能。社会公共安全需求的出现与当前的社会秩序紧密相关。只有深刻了解社会秩序的影响因素，我们才能在相对较长的时间内维持这一平衡状态。因此，在维持社会秩序稳定状态的过程中，不能仅仅依赖技术手段的应用，而是应根据实际情况提出新的思路和方法。

新时代的公共安全治理要求在政府引导下吸收社会力量参与监督与管理，满足公众的安全需求。在风险社会中，社会组织机构和公民作为治理的重要主体，应通过自组织体系的构建提出不同的风险管理措施，选择对应的策略和方案。号召全体公民积极参与社会公共安全治理活动，有效控制犯罪行为的发生。公民具有与社会组织机构建立良好合作关系的潜力，可以通过与这些组织合作，更好地参与到社会公共安全治理中。垂直和水平联合的思想在社会公共安全治理中显得尤为重要，是引领着一种新的合作模式，为社会公共安全治理提供了新的路径和可能性。垂直和水平联合的思想强调政府主导下的资源整合与分配，以及各组织部门的水平合作，共同维护社会的安全。这种社会治理模式具有广泛的社会基础，增强了社会的凝聚力，并为公共安全治理提供了更为有效的支持。通过信息流通和共享，公众参与可以帮助政府识别和应对潜在的犯罪威胁，形成多方合力的社会治理模式。因此，要特别重视网络节点的建设与应用，以支持社会公共安全治理的建设与发展。

社会信任对于社会秩序稳定至关重要，是维护社会安全的基础，也是制约社会失序的关键。传统社会中，人们主要依赖家庭熟人关系形成的相互信任与责任感来维护社会秩序。然而，随着社会的现代化和全球化，以及风险社会的到来，传统社会关系变得脆弱，不再能够满足社会治理的需要。在这一背景下,基于法律和契约的"契约型"信任逐渐崭露头角。这种转变需要社会力量的积极参与,共同建立新型的信任关系,以维护社会的稳定发展。在社会治理中,政府和社会力量共同参与,特别是在风险预警机制和危机管理方面。政府信任是社会治理的基石,公众对政府的信任直接影响着社会治理的效果。政府需要通过透明负责的运作,增强对政府的信任和认可,在处理社会失序问题时,积极倾听社会各方的意见和建议,形成共识,凝聚社会共同治理的力量。通过多方联动的社会治理网络,实现政府和社会力量的有效合作。除此之外,还需要建立更为健全的风险预警机制和危机管理体系,以提前感知社会失序的苗头,并在事态发展后迅速有效地进行协调和处理,减轻事件的负面影响。

二、研究意义和目的

德国学者赫尔曼·哈肯首次提出了"协同学"这一开创性的概念[①],它被广泛认为是理解和分析系统从无序状态向有序状态转换的基础。这一理论不仅在学术界引起了广泛关注,而且对后续的科学研究和实际应用产生了深远的影响。协同学的核心观点在于,它认为系统内部的协同是由各个子系统之间的相互作用和协调配合产生的,这种关联促使整个系统能够以更加有力的方式行动,最终形成一种有组织的集体行为模式。这样的自组织现象,其本质上是由系统内部的竞争与协作共同作用而产生的结果。赫尔曼·哈肯在其研究工作中,不仅探讨了协同现象的不同表现形式,还从多个维度和角度详细分析了协同作用的具体机制和产生的效应,为协同学的概念界定了清晰的定义和丰富的内涵。他认为,协同机制自其诞生之始便天然蕴含一种显著的普遍适用性,这种机制的广泛性使它能够被灵活地应用于无数不同的领域之中。自协同理论被正式提出以来,它不仅得到了广泛的推广,而且显示出

---

① 〔德〕赫尔曼·哈肯:《协同学:大自然构成的奥秘》,凌复华译,上海:上海译文出版社,2005年版,第5—80页。

了极具潜力的发展趋势，逐渐成为学术界研究不同领域中协同管理的不可或缺的核心理论之一。然而，尽管协同理论的重要性已经得到了普遍认可，但在公共管理的领域中，与协同理论有效结合的研究却相对稀缺。即便有一些学者对这一领域进行了初步的探索，但这些研究大多停留在表面，鲜有深入到更加本质和深层次的分析。

正是基于上述背景，本书选择了社会公共安全这一关系重大的领域作为研究对象，旨在基于协同学的理论框架，对社会公共安全领域中的多元协同治理机制进行更为深入和细致的分析与探讨。通过这样的研究，本书期望能够为协同理论与社会科学领域的进一步融合和交叉创新开辟新的思路和方向，不仅能丰富学术研究的内涵，也能为公共管理实践提供宝贵的理论支持和指导，具有不可忽视的重要研究意义。此外，借鉴协同理论来设计和完善公共安全治理模型，对于推动整体治理理论在实际操作层面的应用具有重要意义。这种模型的构建不仅能够提供全新的视角，以便更好地理解和解决中国社会公共安全治理中遇到的问题，还能指导我们探索和发现适应国内特定社会环境和治理需求的有效方法和路径。公共安全的稳定与发展始终需要政府公共部门的领导和社会各界的广泛参与和协作。在构建创新型社会的过程中，公共安全被视作社会进步和转型过程中的核心要素。因此，我们必须对公共安全服务的提升给予更多的关注，重视其在社会发展中的作用，以确保在社会转型的每一个阶段，公共安全都能得到充分的保障，从而为社会创新与进步提供坚实的安全基础。

随着风险社会的到来，中国面临着一系列深刻的社会转型挑战。在这个转型期，经济的飞速增长为各行各业带来了前未有的发展机遇，带动了科技、教育、医学等领域的显著进步。然而，这种迅猛的发展速度同时也会导致一些负面社会现象的出现，尤其是犯罪率的提高，这不仅对社会的和谐稳定带来了风险，还对公众的安全形成了严重的威胁。在这样的背景下，原有的政府管理模式面临诸多局限性，难以有效应对新型犯罪形态和保护社会安全，因此急需进行深刻的改革与创新。我们需要构建一个更加灵活、高效并且能够适应不断变化的社会需求的新型治理模式,这个模式应当能够整合各种社会资源,促进政府、企业和民众之间的协同合作,以形成一个更为有效的社会治理体系,从而在保障公众安全的同时,也为社会的长期稳定和繁荣打下坚实的基础。

　　本书深入探讨了协同理论与中国社会公共安全的结合,对此领域的研究进行了系统性的整合,汇聚了作者经年累月的研究成果与实践经验。通过这一重要工作,作者旨在建立一个可行的理论框架,为中国社会安全的协同进步提供坚实的理论支撑,同时,提供一套与中国社会治理实际相符合的公共安全治理的协同发展途径和方法。在风险社会,公共安全治理已经成为全球各国政府面临的一大挑战。随着社会的快速发展和复杂性的增加,传统的政府治理模式已难以应对日益严峻的公共安全问题。在这样的背景下,新公共管理理论的进一步扩展和精细化显得尤为重要。本书正是基于这样的宏观治理视角,对现行的新公共管理理论进行了深入研究,不仅与西方国家改革理论的基本观点和核心理念相契合,而且在公共安全治理领域实现了重要的理论创新和实践突破。特别值得一提的是,本书引入"整体政府"这一概念,它阐释了整体性治理理论在应对风险社会挑战中的一种创新政府治理模式。这一模式强调不同政府组织之间的相互协作与整合,通过跨部门、跨层级的合作,打破信息孤岛,实现资源共享和优势互补。其目的是打造一个能够更加有效地应对各类安全风险的治理体系,实现社会公共安全治理的多元化和系统化,以满足不同层面、不同领域的安全治理需求。在理论创新的同时,本书还将理论与实践紧密结合。整体政府模式的实施有助于提高政府应对复杂危机的能力,增强公共服务的效率,以及促进社会的整体安全水平。随着协同理论在国内外各个领域的深入发展,它已成为当前学术界关注的焦点之一。

第二节　研究内容与研究方法

　　在总体国家安全观的框架下,本书深入探讨了中国在公共安全多元协同治理方面所面临的挑战。这些挑战既有国内的，也有国际的；既涉及传统安全领域，也包括非传统安全领域。我们试图通过分析这些挑战，呼吁社会各界对公共安全问题给予更多关注，以确保国家安全和社会稳定。公共安全是国家安全的重要组成部分，它关系到国家的长治久安，关系到亿万人民的生命财产安全和社会秩序稳定。在全球化的今天，公共安全问题的复杂性和不确定性日益增加，这要求我们必须有更加清醒的认识，更加系统的思考，以及更加坚定的行动。中国社会公共安全面临的挑战是多方面的。随着科技的进步和社会的发展，新的安全威胁层出不穷。例如，网络安全问题日益凸显，网络攻击、数据泄露等事件频发，对国家安全和社会稳定构成了严峻挑战。同时，恐怖主义、极端主义等思潮的蔓延，也对公共安全造成了威胁。此外，自然灾害的频发、公共卫生事件的爆发等，都对公共安全治理提出了新的考验。

一、研究内容

从多元协同治理的角度出发，本书系统分析了公共安全领域面临的挑战，并探索了提高公共安全治理效能的途径。本书共分为五个主要章节，每个章节都对公共安全的协同治理进行了细致的剖析和研究。

第一章界定了公共安全多元协同治理的基本概念，并阐述了进行此项研究的意义和目的。通过对概念的解释，提供了一个清晰的研究视角，并指出了研究的内容和方法。同时，也强调了本研究的创新之处，为后续章节的深入探讨奠定了基础。

第二章回顾了国内外学者在社会公共安全协同治理领域的研究成果。这一章节不仅总结了国外学者的研究视角和方法，也分析了中国学者的研究现状和成果，为理解国际和国内研究动态提供了参考。

第三章深入探讨了公共安全治理的具体形式和特征。这一章节详细论述了多元协同治理的要素，包括治理主体、基础因素和组织架构基础，并对导向机制、驱动机制和协调机制进行了深刻分析,揭示了多元协同治理的内在运作机制。

第四章指出了在公共安全治理实践中遇到的一系列问题,分析了制度不完善、执法权益冲突、信息沟通障碍和社会组织体系不健全等方面的问题,并对这些挑战进行了深入的剖析。

第五章提出了实现有效公共安全治理的具体策略。从目标引导、多元激励、评估提升、公众安全感和观念转变等多个角度出发,探讨了如何通过协同治理提高公共安全治理的效率和效果。

在结论部分,总结了全书的主要观点和研究成果,强调了公共安全多元协同治理的重要性和紧迫性,并对未来的研究方向提出了展望。

整体而言,本书通过对公共安全多元协同治理的全面研究,不仅为公共安全治理的理论研究提供了新的视角和框架,也为实践中的问题解决提供了理论指导和策略建议。它强调了在全球化背景下,面对复杂多变的安全挑战,必须采取多元协同的治理方式,以实现社会的稳定与发展。通过多部门、多层级、多主体的合作与协调,可以有效应对公共安全领域的各种风险和挑战,保障国家和人民的安全福祉。

二、研究方法

(一)文献研究

本书通过整理并汇总国内外有关文献资料,通过在国内 CNKI 以及万方等数据库检索关键词,收集到有关社会公共安全协同治理的文献资料,为研究中国社会公共安全协同治理提供充足的理论依据。本书希望通过具体的理论研究与实证分析,界定、评判影响当今社会公共安全协同治理的因素,从而实现以下目的:即明确各个组织环节和节点,突出不同的层次结构,为下一步建立理论分析模型夯实基础。

（二）规范性研究

本书通过将协同理论与社会公共安全治理二者相结合，并在对现行的运行机制和动力机制进行优化升级后，提出兼具科学性和可行性的启动机制。本书从多个学科的视角，研究公共安全的价值关系，明确造成社会公共安全失序状态的主要成因，突出滋扰社会信任的外部环境因素，为整合协调理论与社会公共安全治理提供理论依据。本书认为，规范这一研究领域的研究方法，具有较强的可行性及有效性，有助于帮助我们准确掌握不同诉求之间存在的价值关系，有助于帮助我们提供社会信任方面的理论依据。

三、研究创新

本研究的创新之处体现在以下几个方面：

1. 治理机制的理论创新

在提出构建决策科学、执行坚决、监督有力的运行机制的同时，本书还将协同理论引入到社会公共安全治理领域。协同理论的应用不仅为公共安全治理提供了新的理论工具，还有助于构建一个更加高效、适应性强的治理体系。

2. 对现行安全治理体制的深度剖析

通过探索协同治理模式与现行安全治理体制管理模式之间的相同与不同，本书揭示了现行体制的优势与局限，为改进和创新公共安全治理模式提供了有力的理论支撑。

3. 风险社会理论的应用

在研究风险社会的特点和发展规律的基础上，本书探讨了将中国社会公共安全的建设与协同理论相结合的途径，这一创新的理论尝试为公共安全研究提供了新的视角。

4. 构建理论分析模型的系统性尝试

本书不仅仅是对单一理论的探讨，而是试图构建一个涵盖多个方面的社会公共安全多元协同治理的理论分析模型。这种系统性的构建，对于理解和处理复杂的社会公共安全问题具有重要的指导意义。

综上所述，本书的创新之处在于其全新的研究视角、深入的理论探讨、结合实践的研究方法、协同理论的应用及系统性理论模型的构建。这些创新不仅丰富了公共安全的学术研究，而且对于实际的公共安全治理工作具有重要的启发和指导作用。

第二章 研究动态

社会公共安全的研究领域十分广泛,涉及多个学科,包括社会心理学、社会学、法学、政治学、统计学等,导致这一课题的研究往往无法表现出一定的系统性、全局性和综合性。有关协同理论的研究,通常也牵涉多个领域,造成研究成果分布过于分散,可供参考和借鉴的文献资料相对不多。

第一节 国外研究动态

一、关于公共安全治理的研究

国外现有的公共安全治理研究主要分为以下几个领域:

(一) 社会预警研究

20世纪60年代,美国社会学家罗蒙德·鲍尔的《社会指标》一书[①]引发了运用指标从事社会预警研究的热潮,人们开始考虑构建社会预警指标体系

---

① Bauer, Raymond A., ed. *Social Indicators.* Cambridge, MA: MIT Press, 1966, pp. 1–375.

来预测社会风险。这种研究较早时候出现在经济领域，其中比较有代表性的有"哈佛景气动向指数"、日本政府企划厅的景气动向指数、法国的预警对策信号、七国集团的"经济监测指标"等。随着认识的深化，社会预警研究逐渐扩展到政治系统和社会系统。在这一阶段，西方社会预警研究的主要特点是以指标为主，以经济为主导，关注社会的发展和变化。

20世纪70年代，"系统群研究"的分析方法确立了12项内容的指标体系，鼓励将社会预警与政策制定自觉结合起来。社会预警应该是一种"系统群"的研究，即将社会看作是由多个相互联系的子系统组成的整体，而不是将其简化为单一的变量或维度。他的指标体系包括了社会的政治、经济、文化、教育、健康、安全、环境等方面，旨在全面反映社会的复杂性和多样性。

20世纪90年代，美国国家情报委员会（NIC）开展了"全球趋势"（Global Trends）项目，旨在通过构建不同的社会场景，探索未来可能发生的社会变化和风险。这个项目运用了多种方法，生成了多个社会场景，如"全球化的世界""分裂的世界"等，分析了各个场景下的社会特征、影响因素和应对策略。①

21世纪初，西方社会预警研究开始对自身的理论和实践进行反思和创新，试图提高社会预警的有效性和适应性。一方面，西方社会预警研究开始关注社会预警的社会学意义。另一方面，西方社会预警研究开始关注社会预警的社会学方法，考虑社会的复杂性和不确定性，运用多种方法和技术，如情景分析、故事叙述、模拟游戏等，提高社会预警的灵活性和创造性。

（二）应急管理研究

国外的应急管理研究通常是在应对具体的突发事件的过程中产生和发展的，紧密结合实际问题和需求，注重理论的可操作性和实效性。例如，美国

---

① 美国国家情报委员会：《Global Trends 2025: A Transformed World》, https://www.dni.gov/files/documents/Global%20Trends_2025%20Report.pdf（访问时间：2023年10月14日）。

在九一一事件后，提出了国土安全战略，强调了全国性的应急管理体系和能力的建设，促进了应急管理的整合和协调；英国在 2005 年的伦敦地铁爆炸事件后，提出了国内紧急状态法案，规定了紧急状态的定义、划分、授权和处置等内容，完善了应急管理的法律框架。

　　国外的应急管理理论研究涉及多个学科领域，如管理学、政治学、社会学、心理学、经济学、法学、公共行政学、地理学、环境学、信息学等，形成了多元化的理论视角和方法论。例如，管理学从组织、决策、沟通、协调等方面分析应急管理的过程和效果；政治学从权力、利益、制度、治理等方面分析应急管理的动力和机制；社会学从社会结构、文化、价值、信任、参与等方面分析应急管理的影响和反馈；心理学从认知、情感、动机、态度、行为等方面分析应急管理的心理因素和干预措施；经济学从成本、收益、效率、风险、激励等方面分析应急管理的经济效果和优化策略；法学从法律规范、法律责任、法律保障等方面分析应急管理的法律基础和法律问题；公共行政学从公共服务、公共政策、公共管理等方面分析应急管理的公共性和公共价值；地理学从空间、区域、资源、环境等方面分析应急管理的地理特征和地理影响；环境学从生态、污染、灾害、可持续等方面分析应急管理的环境因素和环境效应；信息学从信息获取、信息处理、信息传播、信息安全等方面分析应急管理的信息需求和信息技术。

　　国外的应急管理理论研究善于借鉴和比较不同国家和地区的应急管理的经验和教训，从中总结和提炼出普遍适用的理论原则和方法模式，发现和分析不同国家和地区的应急管理的差异和特色，从中反思和改进自身的应急管理的理论和实践。例如，美国的应急管理理论研究在借鉴欧洲国家的应急管理模式的基础上，形成了以联邦政府为主导，各级政府和社会各方面参与的应急管理体系；英国的应急管理理论研究在借鉴美国的应急管理战略的基础上，形成了以内阁办公室为核心，各部门和地方政府协作的应急管理体系；俄罗斯的应急管理体制延续了苏联时期的应急管理经验，形成了以紧急情况部为主导，各级政府和军队配合的应急管理体系；日本的应急管理体制在借鉴欧美国家的应急管理理念的基础上，形成了以内阁为中心，各部门和地方政府协调的应急管理体系。

二、关于公共安全协同治理的研究

公共安全协同治理的理论研究主要有两种路径，一种是基于都市警察服务的多中心治理研究，另一种是基于第三方警务的协同治理研究。这两种路径都从不同的角度和层面探讨了公共安全协同治理的理念、机制、效果和条件，为城市公共安全协同治理提供了基础性理论设想。

基于都市警察服务的多中心治理研究主要由奥斯特罗姆（Ostrom）等学者开创和发展[1]。他们将警察服务当作公共经济的产业，从多中心治理的框架对警察绩效进行评估，认为制度安排会对警察服务绩效产生影响，与较大规模的生产者相比，小规模、直接服务的警察服务生产者效率往往更高。他们认为，多中心治理模式可以提高警察服务的质量和效率，增强警察服务的适应性和灵活性，促进警察服务的创新和多样性，满足不同社区的不同需求，增进警民关系和社会信任，提升公共安全的水平和感受。他们还提出，多中心治理模式的实现需要有利于协作的制度设计、有利于沟通的信息技术、有利于协调的组织结构、有利于激励的绩效评价等条件和保障。

基于第三方警务的协同治理研究主要由洛林·梅热罗尔（Lorraine Mazerolle）、珍妮特·兰斯莉（Janet Ransley）等学者开创和发展[2]。他们提出通过改变第三方日常行为的活动方式实现犯罪控制的第三方警务，并认为，"在第三方警务中，许多合作伙伴是人为锻造出来的且主要是用于犯罪控制的目的，这种合作伙伴关系在本质特征上是松散的、偶然性的，紧紧围绕遵

---

[1] E. Ostrom, R. B. Parks, and G. P. Whitaker, *Patterns of Metropolitan Policing*. Cambridge, MA: Ballinger Publishing Company, 1978, pp. 1 – 343.

[2] L. Mazerolle and J. Ransley, *Third Party Policing*, Cambridge: Cambridge University Press, 2008, pp. 1 – 310.

守规则和解决当前面临的犯罪问题这个中心展开活动。"他们认为，第三方警务是一种协同治理模式，可以扩大警察服务的覆盖范围和影响力，提高警察服务的资源利用效率，增加警察服务的合法性和公信力，减少警察服务的成本和风险，改善警察服务的质量和效果。他们还指出，第三方警务的实现需要有利于合作的目标共识、有利于合作的利益分配、有利于合作的信任建立、有利于合作的规则制定等条件和保障。

以上两种路径都主张，伴随风险社会的出现，基于城市犯罪控制与预防的公共安全供给的责任不仅归国家一方，还要由社会多方共同承担，在公共安全供给中的发起者、多方协作的方式、进程、焦点等方面有所差异。基于都市警察服务的多中心治理研究强调警察服务的多元化和分散化，主张由多个相对独立的警察服务生产者在竞争和协作中提供警察服务，以适应不同的市场需求和环境变化。基于第三方警务的协同治理研究强调警察服务的整合化和集中化，主张由警察机构作为主导者，与其他社会组织和个人形成合作伙伴关系，以解决特定的犯罪问题和风险。这两种路径都有其优势和局限，需要根据不同的情境和条件进行选择和调整，以实现公共安全协同治理的最佳效果。

第二节　中国学者对公共安全协同治理的研究

我国关于公共安全治理的研究起步较晚，美国九一一事件以后，城市公共安全治理才引起了政府与学者的重视，一些研究课题相继出现。但直到2003年"非典"之后，公共安全治理研究才步入正轨。国内公共安全治理研究分为以下几个方面：

一、社会风险研究

社会风险是指由社会结构、社会制度、社会行为等因素引起的，可能对社会稳定、社会发展、社会公平、社会安全等造成不利影响的不确定性事件或现象。社会风险的研究是社会学的重要分支，也是社会治理的重要内容。风险社会理论为理解现代社会风险提供了重要的分析框架。多位学者从不同角度深入探讨了风险社会的基本概念与特征，为我们全面把握当代社会风险的本质和表现形式提供了多元化的理论视角。

张杰和聂茜（2023）[①]的研究聚焦于媒介在风险社会中的角色，他们创新性地提出媒介作为非人行动者在风险生成过程中扮演着关键角色。这一观点突出了信息传播对风险认知和影响的重要性，强调媒介构建的风险网络对风险影响具有显著的放大效应。在信息高度发达的现代社会，这一视角对理解风险的传播和公众反应具有重要意义。

龚维斌（2020）[②]通过对新冠疫情的案例分析，深入探讨了当代中国社会风险的特点。他指出，现代社会风险呈现出复杂性、多样性和联动性的特征。这一研究不仅揭示了特定风险事件的演变规律，也反映了全球化背景下风险的跨界传播和系统性影响。

李诚（2011）[③]从转型期的视角分析中国社会风险，强调了风险的交织性特征。他认为，在社会快速变革的背景下，各类风险相互影响、相互加强，这使得风险治理变得尤为复杂和必要。这一观点为理解转型社会中的风险动态提供了重要洞见。

冯必扬（2008）[④]对社会风险进行了详细定义，并探讨了风险社会的高风险性、系统性和不可预测性特征。他的研究为我们理解风险社会的本质特征提供了理论基础，强调了风险的普遍存在性和难以完全控制的特性。

[①] 张杰、聂茜：《风险网络：作为非人行动者的媒介与社会风险的生成》，载《新闻界》，2023年第1期，第57—65页。

[②] 龚维斌：《当代中国社会风险的特点——以新冠肺炎疫情及其抗击为例》，载《社会学评论》，2020年第8卷第2期，第21—27页。

[③] 李诚：《我国转型期社会风险及其治理的理论思考——基于风险社会理论的分析》，载《学术界》，2011年第3期，第21—27页+第251—255页。

[④] 冯必扬：《社会风险与风险社会关系探析》，载《江苏行政学院学报》，2008年第5期，第76—81页。

张海波（2007）① 提出了社会风险研究的四种范式，为风险研究提供了多维度的学术框架。这一分类不仅有助于系统化风险研究的现有成果，也为未来的研究方向提供了指导。

刘婧（2005）② 从现代性的角度解析社会风险，探讨了全球化背景下风险的新特征。她的研究将风险置于更广阔的社会发展背景中考察，揭示了现代性与风险之间的内在联系。现代化过程中的科技进步、经济全球化及社会结构变化对风险的生成和传播起到了显著的推动作用。这一观点揭示了现代社会风险的根源，强调了风险与社会发展之间的内在联系。

现代化进程在推动社会发展、提升生活质量的同时，也不可避免地催生了一系列新型社会风险。这些风险呈现出跨国界、复杂性和连锁反应等特征，对传统的风险治理模式提出了前所未有的严峻挑战。全球化背景下，风险的传播速度加快，影响范围扩大，单一国家或地区往往难以独立应对。此外，科技进步虽然为风险管理提供了新工具，但同时也带来了如网络安全、人工智能伦理等新的风险类型。这种局面要求我们重新审视风险的本质，并探索更加有效的治理方式。

面对这一复杂局面，学界普遍强调采取综合治理策略的必要性。首先，加强政府的应急管理能力至关重要。这包括完善风险预警系统，优化应急响应机制，提高资源调配效率，以及构建跨部门协作平台。政府作为风险管理的主导力量，需要不断提升其预测、防范和应对风险的能力，为社会稳定提供坚实保障。其次，推动全球合作是应对跨国风险的必然选择。在日益紧密的国际关系中，单一国家的行动往往难以有效解决全球性风险。因此，建立更加有效的国际协调机制，促进信息共享和资源互助，成为当务之急。这不仅需要国家层面的外交努力，也要鼓励非政府组织、跨国企业等多元主体参与国际风险治理。再者，充分运用先进科技手段可以显著提高风险识别和管

---

① 张海波：《社会风险研究的范式》，载《南京大学学报（哲学·人文科学·社会科学版）》，2007年第2期，第136—144页。
② 刘婧：《现代社会风险解析》，载《浙江社会科学》，2005年第1期，第99—103页+第109页。

控的精准度。大数据分析、人工智能、物联网等技术为风险管理提供了新的可能性。例如，通过大数据分析可以更早地识别潜在风险，人工智能技术可以辅助决策制定，而物联网则可以实现实时监测和快速响应。然而，在利用科技的同时，也需要警惕科技本身可能带来的新风险，如数据安全、算法偏见等问题。此外，提高公众的风险意识和应对能力也是不可或缺的一环。这需要通过教育和宣传，培养公众的风险识别能力和自我保护意识。同时，鼓励公众积极参与风险管理过程，形成政府引导、社会参与的多元治理格局。

风险的多元化和复杂化趋势要求我们构建更加有效的风险应对机制，这需要政府、企业和公民社会的共同努力。政府应当发挥主导作用，制定科学的风险管理政策，建立健全的法律法规体系。企业作为经济活动的主体，需要强化社会责任意识，将风险管理融入日常运营。公民社会则应积极参与风险治理，发挥监督和补充作用。只有各方通力合作，才能构建起全面、有效的风险应对网络。

未来的风险研究和管理实践应致力于深化对现代风险本质的认识，探索适应全球化和信息化时代的治理模式。这包括对新兴风险类型的研究，如气候变化、生物技术风险等，以及对风险传播机制和社会影响的深入分析。同时，需要探索更加灵活和适应性强的风险治理模式，以应对快速变化的社会环境。

在推动社会进步的过程中，需要审慎平衡发展与风险的关系，最大限度地降低各类风险的负面影响。这要求决策者在制定发展战略时充分考虑潜在风险，采取预防性措施。同时，也需要建立健全的风险补偿机制，合理分配风险成本，保护弱势群体利益。

只有通过系统性的风险评估和管理，才能在复杂多变的现代社会中实现可持续发展，为人类创造更加安全、稳定的生存环境。这需要建立长效的风险评估机制，定期评估社会面临的各类风险，并制定相应的应对策略。同时，要重视风险管理的动态性，及时调整管理策略以适应不断变化的风险环境。

这一综合性观点不仅深化了我们对现代社会风险的理解，也为制定有效的风险管理策略提供了重要参考。它强调了风险管理的系统性和全面性，指出了政府、企业和公众在风险治理中的不同角色和责任。同时，这一观点也凸显了风险社会理论在不同社会文化背景下的适用性研究的重要性。考虑到各国国情和文化背景的差异，风险社会理论需要在不同情境下进行本土化研究和应用。

最后，理论与实践结合的重要性不容忽视。风险社会理论的发展不能脱离实际，需要不断从实践中汲取经验和教训。同时，实践工作也应当以理论为指导，避免盲目性和片面性。只有将理论研究与风险管理实践紧密结合，才能不断提升我们应对现代社会风险的能力，为人类社会的安全和发展提供有力保障。

二、多元主体治理研究

在现代社会，公共安全问题日益凸显，危机事件频发。对于这些危机事件，传统的以政府为中心的单一危机决策主体已经难以应对。这是因为政府组织自身在信息处理、条块分割、危机意识等方面存在着一定的缺陷。因此，部分学者提出了"多元主体论"。

"多元主体论"认为，在公共安全治理过程中，政府组织不再是唯一的行为主体。政府必须——事实上也不得不——吸纳其他众多的主体参与并共同应对危机。这些主体包括非政府公共部门、企业部门、公民个人以及国际组织等。政府需要与这些行为主体进行协作，形成多元组织、多重层次和多种行为主体共存共荣的格局。

这种格局的形成，需要政府机构常规化、制度化地主动协同非政府组织、企业集团、公民个人及国际组织。在政府为主体，且中央政府为最高统一决断机构的前提之下，共同形成公共危机常态管理与应急管理的上下联动、网络应对的格局。这样，就可以形成组织权力平时分解、决断权力战时统一、临境应急协力联动这样一个统分结合的网络治理结构，以更加卓有成效地应对各种危机。

在这个过程中,信息交流方式、统筹管理方式和监督管理方式等都是非常重要的。因此,不少学者就如何改善当前危机事件应对方案,提出了相应的主体互动模型。这些模型具有较强的适用性,关注点集中在特定若干主体之间的互动情况,或者互动过程中的某个侧面。

例如,张成福认为,现代危机事件具有多样性和复杂性,政府对于危机事件的解决已经不能仅仅依靠某一项资源、模式和策略。他提出,全面整合的危机应对是我国政府危机应对理论的重要发展方向[1]。这就需要政府在危机应对过程中,充分利用网络、信息技术等现代科技手段,把公共危机应对系统中各种要素在一个行为目标和规范相对统一的的网络结构中有机地组合起来。

张立荣等人则将"协同学"原理引入危机应对,提出构建"公共危机协同治理模式"的主张[2]。他们认为,公共危机应对主体,包括政府部门、非政府公共部门、企业部门以及公民个人,通过自觉的组织活动,可以使系统中的各种要素由无序状态转变为具有一定规则和秩序的、相互协同的自组织状态。这样,就可以针对潜在的或者显现的危机,协同实施系列性的控制活动,以期有效地预防、处理和消弭危机。

三、研究评述

公共安全研究在我国尚存在着散乱和不系统的问题。安全事件发生时,关注点往往局限于特定事故的处理,缺乏预防性和源头控制的跨学科研究。此外,该领域的研究多依赖定性分析,而基于数据和模型的定量研究不充分,难以对安全风险作出精确评估。目前研究成果也大多基于国外理论,缺少适

---

[1] 张成福:《公共危机管理:全面整合的模式与中国的战略选择》,载《中国行政管理》,2003年第7期,第6—11页。

[2] 张立荣,冷向明:《协同治理与我国公共危机管理模式创新——基于协同理论的视角》,载《华中师范大学学报(人文社会科学版)》,2008年第2期,第11—19页。

应中国国情的理论体系。公共安全研究多从政府视角出发，而忽略民众、社会组织和企业等其他主体。新兴安全问题如网络安全和城市安全等的研究滞后，对特定安全事件类型的深入研究不足。面对这些挑战，公共安全研究应建立跨学科合作，加强定量方法的使用，并构建符合中国实际的本土化理论。同时，研究范围应扩展到多元主体协同治理，包含社会和企业等各方在内。改进的方向包括促进不同学科间的交流与合作，构建综合视角；提升定量分析能力，为风险评估和预测提供科学依据；深入研究中国的社会结构和治理体系，发展有中国特色的公共安全理论；扩大研究范围，加深对多元安全主体的认识。中国公共安全研究需进一步提升科学性和实用性，以更好地应对安全挑战。

第三章 社会公共安全多元协同治理的结构与机制

第一节 社会公共安全治理的形式

学术界一直非常重视对"公共安全价值"这一议题的研究与讨论,这一议题的讨论持续了很长的时间,至今也没有得出一致的结论。公共安全对社会来说十分重要,它一旦处理不当,各种不同的冲突矛盾就会一触即发,甚至会引发性质恶劣的社会灾难。这就提醒我们需要秉持着理智和谨慎的态度去对社会公共安全的协同治理的路径和对策进行研究。反观西方学界,他们在很早之前就将眼光对准了社会公共安全治理领域,而他们主要聚焦在该领域的突发公共事件应急管理体制建设与执行等方面,通过国家层面制订法律处理突发社会公共安全事件,并以此来建设应急管理体系,这对社会公共安全的管理具有极高的参考意义和研究价值。在恐怖主义的威胁下,国土安全成为了世界各国共同面对的重大挑战。2001年9月11日美国发生恐怖袭击事件以来,世界范围内对与恐怖主义相关的事件的关注日益增加,全世界不同国家的专家学者也开始纷纷加入到国家安全的探索和研究行列中来。公共安全治理作为保护国家安全的重要手段和形式,直接关乎整个社会的利益和福祉。只有整个社会的民众都踊跃参与到社会公共安全治理中，才能够形成一股强大的合力，有效防范和应对安全威胁。公共安全治理是一项系统性的工程项目，需要我们进行长期积极、有计划的工作。通过深入的研究和分析，我们可以找到更多有针对性的解决方案，提高公共安全治理的效率和水平。如果没有社会各方的团结和协同努力，就不能在全球化的时代保障社会民众的生命健康和财产安全，为建设和谐、安全、稳定的社会奠定坚实基础。

社会公共安全治理的实质是公共物品，也是保证社会安全的基础因素。社会公共安全在整个治理体系中有着重要位置和作用，它不仅关乎每个个体的生活安宁，也关乎整个社会的稳固与进步。随着新制度主义思想的发展与广泛应用，社会公共安全被提升为一种特别的公共物品状态，因为它和一般的公共物品相比，在意义和价值方面有着相似性，同时也存在一些差异性。社会公共安全治理在意义和价值方面与其他的公共物品相近。它们都属于社会共享的资源，符合公众的需求，不仅关乎每个个体的切身利益，也关系整个社会的和睦稳固。社会公共安全与其他的公共物品一样，是人们一起追求的目标，是社会各个成员一起享有的成果。

在人类社会的漫长发展中，公众一直追求着平等的权利、民主的制度、高效的工作方式和多元的自由。然而，与这些诉求同等重要的是人们对于安全的追求。安全是人类长久以来追寻的目标之一，也是社会运行中的关键组成部分。经过对人类社会发展规律的综合剖析，我们发现社会发展涉及的利益和价值追求会产生各种矛盾冲突，这是社会运转轨迹的内在特点之一。就像在食品短缺时，人类面临着严重的生存威胁一样，食品质量不合格等问题也会对人类的生命健康安全构成严重危害。如果我们的生命健康和个人财产安全无法得到有效保证，将会引发严重的安全问题。因此，安全问题不仅仅关乎个体安全，也涉及整个社会的发展和进步。只有通过不断地完善保证机制，提高社会安全保障能力和水平，我们才能够在和谐安全的环境中实现更大的自由与发展。换句话说，人类的生活与"安全"息息相关，安全问题无处不在，只有解决需求短缺的问题才能够保证社会正常运作，反之必然会让

第三章 社会公共安全多元协同治理的结构与机制

人类面临全方位的生存和发展危机。因为与公共安全相关的价值需求有着很强的复杂性，关于这一问题的阐述，可以从以下几个方面展开。

保障最低限度短缺是安全价值能够正常获取的重要保证，而这需要付出效率下滑的代价。这表明，要想防止出现不良的社会竞争，就要满足社会民众在安全价值上的正常需求，这样才能够激励社会民众积极向上，促进社会的良性运转，从而提高整个社会的生产效率和生产力发展水平。但是从另一角度看，安全性的获取和生产力的提高间存在着明显的负相关关系，即生产力的提高势必会降低社会的安全性。而在社会发展的大趋势下，社会民众对公共安全的需求量有增无减，且其增速将不停加快，这就加大了社会公共安全的维系难度和成本，给行政执行带来不可估量的负面作用，影响行政运行效率。但不难联想到，如果社会安全水平不断提高，和谐安定的社会秩序得以建立，这也将有利于生产力水平的提高和生产效率的增加。因此，政府在社会公共安全治理层面投入的成本不仅不会影响政府的行政运行效率，反而事半功倍，有利于提高社会生产水平。

在社会要素这一角度上看，公民自由权可以理解成公众依法享有的在经济方面的待遇和安全方面的权利，遵照人类社会约定俗成的一般标准和要求为民众提供安全服务。社会的兴盛进步离不开公民经济自由权的实现，这包括自由选择职业、经商、合法获益以及享受社会福利等方面。同时，公民对自身和他人的安全也拥有自由权，包括个人身体安全、财产安全和公共安全等方面。政府应当确保公民的这些自由权得到充分保障，为其提供必备的法律和社会制度支撑。从民众的角度来讲，民众长久以来一直都是公共安全的服务对象，是十分重要、不可忽视的一个被动消费者，同时它也承担着接受者的角色。只有当公民的自由权获得充足的保证，并有机会参与社会治理和公共事务，社会才能实现真正的稳定和进步。让每个公民都能够享受到自由、安全和尊严的权利，这是一个健康、和谐的社会所应追求的目标。随着强调以公民为中心的服务型公共管理模式的提出和付诸实施，社会民众对"积极自由"的追求和向往与日俱增。在这样的社会大背景下，社会民众则成为公共安全的服务主体，由社会民众内部组织构成的社会资本关系则成为提供社会公共安全治理的中坚力量，它们在民间参与网络体系的支持与协助下，逐步建设起健全的社会公共安全治理体系，在社会民众和公共部门之间建成坚实且稳定的协作关系，为社会公共安全治理的不断发展和建设提供新的思路和对策建议。

主观性短缺问题往往源于个体对自身利益的追求，它需要公共部门的保护和基础的安全治理。没有政府与市民社会之间的均衡互动，就不能确保社会秩序的良性循环和公共安全的可持续发展。政府应当在维护公民权益的同时，增强与市民社会的沟通与协作，一同推动社会和谐与进步。社会公众也应信任和支持政府，在追求个体利益的同时，关注并积极参与公共事务，营造共同维护社会安全的良好气氛。这样的平衡互动才能有效应对主观性短缺问题，实现社会的谐和与可持续发展。

环境污染问题是当今社会面临的一个巨大挑战。它的影响之大不言而喻，经常会对整个社会构成不可扭转的重大危害和影响。环境污染不只破坏了大自然的原始美景，也危害了人们的身体健康。但受社会公众的环境安全诉求范围相对有限的影响，社会公众常常只关注与自己有关的环境安全，即自身后院的环境安全，而对其他地方的环境安全熟视无睹，这也是大众所熟知的"邻避"效应。而"邻避"效应带来的，势必是更多的与安全诉求相关的矛盾冲突。伴随着"邻避"效应发挥的作用不断增强，社会的集体性事件也在持续不断地增加，各个社会主体因其利益诉求的差异，各主体间与安全诉求相关的矛盾冲突不断激增。究其根源，安全诉求的矛盾冲突不断主要还是因为风险社会加速了社会转型的进程，社会民众对个人权利的了解不断增加和深入，他们积极主动地维护自己的合法诉求，而他们在获取个人利益的同时，势必会与其他社会公众有冲突，引起矛盾与纠纷，在处理不当的情况下就容易演化为性质严重的安全诉求争议。从该类型的短缺问题和由此引发的冲突事件来讲，需要政府在矛盾冲突发生的第一时间及时出面制止处理，并且按照多中心治理的理念和原则及时尽快建立减轻安全诉求的弥补机制，以期能够从源头上消除社会各主体内部存在的不安全感，建立系统的自组织体系，对原本存在的协商和参与制度进行迭代更行、优化升级，有利于将外部效应置于内部环境中处理，更有效地消除社会民众对由短缺问题引发的安全威胁产生的不安全感，有效地保护社会民众在社会公共安全治理领域的个人利益。

公共安全是指社会全体成员的人身安全和财产安全不受侵害的状态。然而，对公共安全类型的划分往往比较笼统模糊，缺乏详细的边界界定。自然灾害的危害程度不同，但其影响都可能对社会造成严重的负面影响，甚至引发严重的集体安全事件，影响社会的稳定发展。为了应对突发事件，提高安全问题的应对能力，政府需要明确各部门的职能界线和责任边界，建立健全的信息沟通和反馈机制。然而，现实中存在着种种问题，导致公共安全治理无法发挥应有的作用和功能。

公共安全治理是比较复杂的，一方面，公共安全的价值获取与社会需求的满足息息相关，匮乏或过度供给都会打破原有的供需平衡，甚至催生新的安全隐患。另一方面，随着信息化技术的快速发展，警察可以利用数据信息来加强犯罪打击，提高案件破获率，从技术上为社会治安提供支持。然而，如果全面监控脱离了公共部门的控制，可能对公民的隐私权造成负面影响，引发社会心理压力，甚至导致社会矛盾激化。在安全标准界定层面上，有效监督与控制可以消除安全隐患，但也会对数字信息的依赖性造成风险，而忽视了安全需求工具的开发与应用可能会增加这一风险。因此，在信息化发展进程中，需要倡导信息安全与个人隐私保护的平衡，遵循法律法规规定，依法使用相关数据信息。

从社会整体视角来看，社会公共安全需求的类型发生了变化。首先，生命安全与人身健康方面的安全需求是社会公共安全的基础。生命安全和人身健康的安全需求，涉及防范外部威胁，保障生命和健康免受伤害的愿望。在风险社会中，公共安全事件的频繁发生对公众的生命安全和人身自由构成严重威胁，这也催生了各种新的安全需求。其次，财产和个人利益方面的安全需求，包括对财产的有效保护。随着风险社会的到来，人们对财产安全的需求发生了转变，不仅内容更加丰富，而且形式更加多样。在信息时代，技术的进步为财产保护带来机遇，但也带来了新的挑战。因此，加强公民的财产安全意识，建立健全的财产保护网络，是满足公众安全需求的关键。再次，人格尊严的安全需求越发重要，涉及公众合法权利的保护。随着技术的提高，人格尊严的安全需求日益增加，需要建立公众对社会治理机构的信任，加强法律法规的宣传和执行力度，建立一个安全有序的社会环境。最后，社会公共秩序方面的安全需求，公共秩序安全需求在风险社会中愈发突出，是公共安全治理需要重点关注的领域。满足以上社会公共安全需求，需要制定相应的政策以及利益表达机制，提供专业化的风险管理机制，以保障人民的安全与幸福，从而有效地解决社会公共安全需求将加强社会和谐稳定，为社会各界提供更好的安全服务。

综上所述，社会公共安全的需求可谓千差万别，其展现出的多样性不容忽视。不同类型的安全需求之间相互纠缠、相互影响，形成了一个错综复杂的网络。社会公共安全是一种非常规的公共物品，其运作过程也显得比较复杂。处理安全问题往往面临许多困难，需要加强社会各界的协作和配合，共同为创造一个安全稳定的社会环境而努力。只有做好社会公共安全工作，才能让人们安居乐业，社会和谐稳定。

一、传统形式

传统模式的特点表现在政府内部人员在扮演生产者这一角色的同时，也是作为政府供给主体的掌握人，负责支配和调遣政府的供给。以综合事务治理办公室为例，主要负责对于上级提出的一些制度建议以及决策方案的落实和执行，基于警务管理和服务的安排与系统的完善，为社会的公共安全治理提供有效的制度和保障，为公共安全治理保驾护航。这样的一种传统模式在安全治理的实践中会遇到各种各样的疑问和难题，地方政府以及行政人员自身无法扩充重要信息的来源，也无法掌握丰富的信息，这就导致政府内部工作人员得到的信息和社会的真实情况出现较大的差异，可能会出现信息不对称等的情况，影响政府制定制度的效果和做出决策的准确度。

由于地方政府延续了传统的行政组织模式，其行政组织制度未能与时俱进，导致信息收集方面的问题愈发凸显。信息收集渠道、速度等因素受到一定限制，给地方政府的基层信息收集带来困难和影响。信息不对称可能导致实践过程的困难。此外，基层信息收集需要耗费大量人力和物力成本，而一些基层组织缺乏这些条件，难以保证信息的质量和数量，导致公共安全利益和公共利益出现混淆。根据公共选择理论，政府和工作人员需要明确其在各种利益关系和主体中的角色定位。在社会公共安全领域，人们倾向采取强制措施来维护基层公众的公共安全和切身利益，但在操作过程中常常会产生利益纠纷，若得不到及时解决或缓解，可能引发一系列安全隐患。这种情况进一步制约了社会健康的长久发展。传统的行政组织制度在信息收集方面存在制约和障碍，导致政府的信息收集工作受到限制，影响政府对基层信息的获取。基层信息收集需要投入大量人力和物力成本，然而许多基层组织缺乏这些条件，导致信息质量和数量无法得到保障。这就使得政府在制定政策和决策时，缺乏充分准确的基层信息。由于这种信息不对称，基层实践变得困难，并可能导致政策执行效果的不确定性。

在研究社会公共安全治理问题时，一些西方国家引入了创新的市场主导的供给模式。这一模式并非纸上谈兵，而是经过长期实践得出的结论，对于这些国家具有非常高的价值，可作为其社会公共安全治理和管理发展的重要参考。市场主导的供给模式强调基层民营化组织在社会安全治理和日常管理方面的作用，与第三方机构合作，与地方政府通力合作，发挥互补作用。市场主导型公共安全治理模式的提出和推广成为时代新趋势，私人警务需求增强，覆盖范围扩大，对社会公共服务质量和公共安全治理能力的提升起到了重要作用。社会角色定位的转变使地方警务力量得到了加强，并在社会公共安全治理中发挥了重要作用，为社会治理的发展作出了重大贡献。从微观视角来看，这一模式需要社会自身组织提供适合和安全的市场化供给服务，同时也需要政府和公共部门进行适当的监督与控制。虽然市场主导的公共安全治理模式存在诸多优势，例如有效控制成本、提供个性化和地方差异化服务等，但也存在不可忽视的缺陷和问题，例如服务表现不均衡、利益纠纷、基本公共安全服务的缺失等。因此，需要政府和社会各界共同努力，加强监管，解决利益纠纷，确保安全服务的有效提供。这样一种市场主导的公共安全治理模式可以作为西方国家社会公共安全治理的参考，但在推广过程中需要深入思考其适应性和可持续性。

二、协同治理形式

合作在现代公共行政领域中日益成为一个重要的话题。当今世界各国普遍面对日渐复杂的社会问题和多样化的公共服务需求，传统的层级制公共行政模式已难以完全满足现代社会的要求。这就要求我们重新审视和构想公共行政的组织方式和治理机制，寻找更加高效和创新的解决方案。在这一背景下，"整体政府"理念应运而生，并逐渐成为现代公共行政改革研究的一个重点。"整体政府"是一个综合性概念，它突出强调通过跨组织、跨部门甚至跨界的合作，来整合资源、优化流程、提高效率，从而提供更加优质和整合的公共服务。这种整合型的服务模式能够有效打破条块分割、部门壁垒，让不同的组织和部门之间能够进行更多的信息共享和资源流动。通过建立跨界的伙伴关系，资源得以合理调配，服务质量也因而得到提升。以互联网技术为支撑的网络化合作就是"整体政府"理念的具体实现方式之一。借助互联网的全球连通性和高效互动性，政府部门不仅可以实现跨地域、跨时区的信息沟通和资源共享，而且可以与民间组织、社会团体、企业乃至普通公众更为紧密地互动，形成公、私、民多方协力的社会治理网络。这种模式能够使各种社会力量和智慧得到集结和发挥，激活治理的活力和创新潜能。

在中国，随着新时代的公共行政改革的深入推进，整体政府的观念已经明确地影响了政策制定和实践操作。特别是近年来，大规模的政府机构改革

第三章 社会公共安全多元协同治理的结构与机制

和功能转变，对外部合作和政府间的协同提出了更高的要求。面对"层级制度"可能带来的限制，跨界协作、政社合作和公私伙伴关系（Public Private Partnership，PPP）等新型治理模式得到了政府的积极推广和实践。以全国大范围的"放管服"改革为例，简政放权、放管结合、优化服务已经成为推动行政体制改革的三大基本策略，使得政府的职能更加注重市场监管与公共服务的提供。在这一进程中，不仅国家机关之间，而且政府与市场、政府与社会之间的合作机制都得到了建立和完善，共同构成了覆盖政府、市场、社会各个层面的治理格局。在地方层面，如何突破行政区划的限制，促进区域间的协同发展也是当前合作研究的热点。通过建立跨区域共享平台、增强区域联动机制等方式，政府正在尝试打破独立运作的格局，探索实现资源共享、优势互补的区域整合发展新模式。然而，推动整体政府的理念在实践中落地并不是一件简单的事情。这涉及人们对于组织结构、治理理念的重新认识和适应，需要制度创新、管理创新和技术创新的相互配合。如何克服固有的体制障碍、如何搭建有效的合作平台、如何形成持久而有效的合作关系，都是需要研究和解决的问题。综上所述，新时代的公共行政研究和实践需要更多聚焦于合作这一核心议题。推动建立"整体政府"，不仅是适应社会发展变革的需求，也是推进政府治理现代化、实现全面提高公共服务水平的重要手段。从理论到实践，中国在推动行政体制改革和治理模式更新的道路上，还将进行更多的探索和努力。

协同治理是现代社会治理的一种范式，它强调在多元主体间建立合作关系，通过整合各资源和力量以高效解决社会问题。在公共安全领域，协同治理的实现尤为重要，因为安全问题往往涉及多方面的因素和多个子系统的协作。为了应对各种安全挑战，需要不同的社会组织、政府部门和个人之间建立密切而有效的合作关系。当我们谈到协同治理时，其内涵并不仅仅是多个独立系统的简单组合或者功能上的机械叠加，而是一种系统的、整体的合作和联动。协同治理要求各参与方能够超越单一的职责范畴，通过相互配合、补充和促进，共同为社会公共安全作出贡献。要实现真正的协同治理，首先需要建立信任基础。要进一步实施有效的协同治理，还需要不断地实践探索与学习。从案例中总结经验，进行多方利益的平衡和协调，以及在协作中持续地强化道德规范和法律约束，都是推动协同治理向前发展的重要方式。在社会公共安全领域中实施协同治理，不仅有助于应对突发事件，更能构建一个全面的、预防型的安全管理体系。在这一过程中，每一个子系统都发挥其独特功能，通过协作相互增强，共同为创建一个更为安全、和谐的社会环境作出贡献。协同治理不仅仅是一个理念或政策导向，它已经成为现代社会应对复杂安全挑战的必然选择和智慧之举。

在社会治安进入关键阶段时，运用协同思想来整合分散的子系统和因素变得至关重要。协同要素的预测模型应在宏观和微观层面评估当前状况及合作发展，加入不同权重对比和未来趋势，以细致的观察和定量分析为治理奠定基础。在社会治安协同治理中，基层服务的信息传达与社会沟通是必要的前提。政府需要发挥领导作用，调节社会治理机制，同时允许公众诉求的表达，共同创造协同动力。政府和行政人员应向合作主体传递明确的协作信号，以确保协同效应得以发挥。实施公共安全协同治理面临多重压力，因为不同地区的治理能力、经济水平、文化特点均影响实施效果。深入研究各种约束条件对理解具体的社会环境、需求以及展现协同治理的特征和效果有积极意义。加强对管理参量和影响因素的控制能积极影响未来社会公共管理发展。尽管各子系统原本可能缺乏协同，但通过建立紧密的人力结构和关系网，各要素的默契合作能达到资源优化，降低浪费。现阶段许多子系统尚处于被动应变状态，要实现从被动到主动的转变需要对协同规律有深刻理解。深入挖掘和研究这些规律，将为组织和治理的发展带来显著促进作用。

在社会公共安全治理方面，基层组织是社会治理的"最后一公里"。基层组织不仅要支持政府的治安政策，还要积极参与社会安全服务。市场主导模式及单一制模式可能存在的缺陷，如贫富差距扩大和社会不满情绪，提醒我们在推进市场主导型社会公共安全治理模式时需要更多考虑其对社会公平的影响。社会公共安全的协同治理面临转型期的阵痛，政策制定过程中应给予社会鼓励，促进跨主体和多元素间协同，拉近基层社会组织与公民间的关系，以实现协同发展。然而，公众参与度不足、冷漠态度以及集权传统影响都是社会公共安全治理面临的难题。鼓励公众参与，培养积极的公民参与精神，是改善这一局面的关键。基层民主自治能力的提升是必要的，以使居民能够积极参与社会实践活动，促进合作精神的形成。同时，新的社会公共安全治理模式的转变也应关注群众的个人利益，避免制度变迁影响社会稳定。社会基层组织对社会公共安全治理模式的优化具有决定性作用。网络安全、社区自主性和社区伦理性都是社会公共安全治理需要重视的内容。社区安全网络的建立和完善，业主委员会等组织的制度支持与保障，体现了社会治理的现代转型。政府在发挥主导作用的同时，也应合理整合社会资源，强化社会力量参与公众安全治理，以确保新的治理模式与社会需求相融合。推进社区内组织和个人的自我管理，引入先进管理技术，提出预警机制，不断提高治理效果。总体而言，社会公共安全治理模式的转变要求政府部门、基层组织和公众之间的密切配合，充分考虑群众个人利益。完善治安政策，提升公众参与，加强制度建设，均是建设更安全社会的重要举措。

第二节　社会公共安全多元协同治理的要素

随着社会现代化进程的加速，中国面临的公共安全问题也日益复杂多样。各类安全事件频发，涉及环境保护、食品安全等多个领域，公共安全事件的频发给社会公众带来严重威胁，解决这些问题成为政府和公共部门的重要任务。公共安全的治理不仅是政府的责任，也需要社会各界的共同参与，通过团结协作和积极互动来应对安全挑战。在这样的背景下，基于管理学理论的社会公共安全"协同治理"理念应运而生。公共安全的协同理论要求通过先进管理技术和方法，整合资源，发挥各方优势，构建统一协调的治理体系。公共安全的协同本质上不同于偶然事件或单纯的组织功能展现，而是在深入理解问题的形成与发展后，基于协同学理论综合分析得出的系统解决方案。社会公共安全协同治理理论视安全为特殊公共物品，旨在通过系统内部资源整合和协同主体间的相互作用，增强系统效能，打造有序运作的社会安全机制。这种协同治理模式强调资源整合，促进公共管理从单一结构支撑向资源配置转型，确保稳定的安全供给，注重风险评估和预防，以维持社会安全的平衡状态。与此同时，社会公共安全协同治理模式在社会发展规律下鼓励自组织协作，适应社会公共安全需求，形成和谐稳定的治理环境。协同治理的研究为公共安全领域带来创新视角，其方法和手段适用于系统内外相互作用的灵活管理，有助于理解安全问题本质，促进问题的有效解决。为确保公共安全问题的有效解决，需要以公共管理理论为基础，借助协同治理理念和方法，通过多方合作和资源统筹，构建高效的安全协同机制。这不但需要政府的参与，还需要来自社会各界的广泛支持与参与，共同建设安全和谐社会。进一步深化协同治理的具体运作和应用，将有助于全面应对和解决公共安全问题，提升国家治理能力和社会稳定性。

社会公共安全问题的协同治理要求建立一个有效的组织结构，确保政府、企业、社会组织与公众的积极参与和协作。其中，政府需提供政策支持，企业要承担社会责任，社会组织与公众则促进监督与执行。首先，信息共享和协同行动构成了协同治理的核心。要建立一个高效的信息管理系统，确保信息的准确及时传递，并通过科技手段不断提升信息处理能力。其次，风险评估和预警机制对防范和控制安全问题至关重要。各参与方应发展科学的评估方法，建立联合的预警体系，通过深入了解潜在风险，提升针对性和科学性的防范措施。此外，技术革新与人才培养也是协同治理不可忽视的方面，需注重安全技术的研发应用和安全管理人才队伍的建设，以增强处理和应对复杂安全问题的能力。最后，在社会公共安全的协同治理中，政府承担关键角色，不仅要在政策层面为协同治理提供保障，还要在实践中发挥引导作用，综合调动各方面力量，推动协同进程。通过各方共同努力，在多元参与的协同治理体系下，能够更有效地管理和解决社会公共安全问题，促进社会的和

第三章 社会公共安全多元协同治理的结构与机制

谐与稳定。

协同合作在公共安全多元治理中的角色凸显了现代社会治理的重要方向。在社会发展现代化带来的多种风险下，全能主义的管制模式和政府主管模式显得力不从心。个体和组织在面对广泛的安全风险时力量有限，而这些风险如未能得到有效防范和解决，可能转化为对国家利益的威胁，甚至超出国家公共部门的控制范围。协同治理为这一挑战带来了创新的突破。在公共部门和警务力量的支持下，协同治理模式明确了影响因素，建立了自组织框架，并团结了来自社会各界的力量，以确保社会公共安全供给的需要得到满足，同时推动安全治理事业向好发展。社会公共安全协同治理的效果受诸如自组织系统、信息化水平、内部组织框架和政策制度等多方面因素的影响。这些因素紧密相连，不仅提高响应和处理危机的能力，而且构建了有序的治理体系，以应对善变的安全挑战。民主观念对于社会公共安全治理起到了关键性的作用，它不只是政治制度的重要价值，也深刻影响着社会安全的方方面面。民主促进社会凝聚力的强化，使公众可以广泛参与安全决策过程，减少社会矛盾并加强了公众之间的信任与团结。多元文化和民众参与为社会安全提供了坚实的社会基础。民主观念也致力于推动社会文化的繁荣。在民主原则的指导下，多元文化得到尊重，不同观念的交流成为可能。社会成员思想多元化后更愿意合作应对安全挑战，这种多元文化的共存和包容性，为社会公共安全的稳定与发展提供了动力与支持。此外，公众在决策与监督中的积极参与使得社会公共安全系统变得更加灵活，有效反映了社会诉求，并为公众提供更加精确的保障。在这个过程中，民主不仅增强了社会凝聚力，还成为促进文化发展和和谐社会的核心。因此，在构建社会公共安全治理体系时，民主观念的重要性不容忽视。它不仅是增进社会团结、尊重多元化的基础，也是公众参与、和谐共处的社会基石，为社会安全的长期稳定发展提供了坚实支持。深刻理解和引导民主发展，确保它成为推动社会安全治理向前迈进的重要力量，是实现安全治理成效的关键所在。

综上所述，社会公共安全系统由众多规模更小的子系统构成，这些子系统表现出自组织的运行状态。通过各方要素的支撑，构建系统的网络体系，并制定社会公共安全的管理规范，获得社会各界的认可与信任，以满足社会公共安全治理的需求。在这些条件的基础上，社会安全行动将为社会公共安全的供给平衡奠定基础，实现社会安全的可持续循环状态。这种社会公共安全的多元协同治理模式，不仅有助于解决当前社会治理面临的挑战，也为社会的可持续发展提供了有力支持。因此，我们迫切需要深刻理解和积极推动协同治理在社会公共安全领域的作用和应用，以应对日益复杂多变的安全威胁，确保社会的和谐稳定。为了更全面地理解和推动社会公共安全的多元协同治理，我们需要深入探讨协同治理模式在应对各类风险和危机中的具体运作机制。首先，协同治理的核心理念在于整合各方资源和力量，形成一体化的应对体系。这涉及政府、企业、社会组织和个体之间的紧密协作，共同应对公共安全挑战。在这一过程中，信息的共享和流通是至关重要的，要建立起高效的信息传递机制，以便在危机发生时迅速做出决策和采取行动。

公众对社会公共安全的信任度和安全感是社会公共安全多元协同治理机制能否健全并有效运作的重要变量。公众作为社会治安状况的感知者和社会公共安全效度的评估者，他们的安全感与直观的治安指标如犯罪率和破案率紧密相关。社会公共安全机制的强化须依托信息技术的完善，及时应对安全挑战并保护公众利益。政府、社会组织和公众需共同投身于这一优化过程，以确保公众安全感的不断强化。公众安全感的获得既取决于公共安全治理的有效性，又在于治理策略和机制的不断革新中满足公众对安全的期望。战略规划的前瞻性和实操性，能够预见挑战并设定治理策略，同时普及安全意识和提高公众的参与度，最终反映在安全感和信任度提升上。现代治理理念强调公共安全的供给不仅限于政府，还包括社会组织、企业和公众，建立起一个灵活、高效的协同治理网络，以适应日益复杂化的公共安全需求。为提升公众的安全感和信任度，有必要推进以高效信息流通、全面风险预警、深入公众参与为基础的协同治理模式。这种模式需明确多方在公共安全中的角色和责任，充分整合各种资源和力量，确保协同行动高效有序。公众的积极参与，不仅仅能够提升他们对现状及治理成效的认知，更通过实际行动增强个体在安全文化构建中的作用。在构建协同治理模式的过程中，公权力的优化调整、公共资源的合理配置及跨界协作理念的贯彻执行都至关重要。这一过程还需各方协调一致，形成对公共安全问题的全社会共识，以期达成更有效的治理成果，进而提高公众对公共安全治理工作的信任度与安全感。现代治理视角下的协同治理模式，为迎接社会公共安全挑战创造了新路径，为公众提供了更为坚实的安全保障，为社会的和谐稳定贡献了力量。

一、治理主体

随着社会、经济与技术的发展，公共管理领域正经历一场深刻的转型。传统的以政府为中心的管理模式正日益向一个包含政府、市场和社会多元参与的治理格局转变。这种转变意味着治理的概念已经从层级化、中心化的命令与控制式管理，演变为更加分布式和网络式的治理。现代治理不只要求政府有为，也重视私营部门的创新活力和社会组织的智慧。与传统模式相比，现代治理更倾向于任何可以提供有效解决方案的方案提供者，而不论这些方案提供者是否具有公权力属性。在这一模式中，政府仍扮演重要角色，但更多是作为引导者、协调者和合作伙伴。这要求政府在传统的行政管理职能之上，培养出更为灵活的策略制定和网络管理能力。它需要政府能够有效地与其他治理主体协作，共同解决公共问题，确保政策的执行不仅快速响应市场和社会的变化。社会组织和市场于现代治理中的地位也不断上升。在许多情况下，它们能够比政府更直接地感知民众需求，更灵活地提出创新的解决策略。社会组织尤其在基层社区和群体特定需求的响应上显示出不可替代的作用，它们通常更了解社区的内在需要，能在确保政策的精准性和适应性。此外，公民作为个体治理主体，他们的参与能力和意愿也显著增强。个人和社群的参与不仅提升了政策制定的民主性，也促进了公众的政策执行和社会监督。公民的主动参与显著提高了公共治理的透明度，增强了政策的社会接受度和执行效力。现代治理模式鼓励并促成了不同治理主体之间的沟通、协商和合作,从而形成了集体协作的决策结构。通过多方利益的协调和整合,治理成果能够更好地反映并平衡各方的需求和预期,从而提高了公共政策的普遍适用性和效能。总之,这一治理格局的转变的核心特征在于包容性和灵活性,以及对治理主体广泛参与的重视。这种治理模式要求政府、私营部门、非营利组织和公民之间相互协作,共同打造一个对复杂社会问题更有响应和解决能力的治理体系。这也要求每个主体都要拓展其能力边界,发挥其独特优势,共同维护和推进公共利益。

现代公共管理的演变打破了传统治理模式中政府作为唯一治理主体的局限,转而倡导包括政府、市场及社会在内的多元力量共同参与治理过程。治理范围的扩展导致主体多元化,形成一个联动协作的治理网络,其中政府、企业、社会组织和个体各司其职,贡献各自专长,协力推进社会发展。在现代治理结构中,主体间的互动充分体现了信息共享、资源整合及协作。这种联动关系建立在信任的基础上,信任又随着成员之间深入的交流和协作的加强而不断巩固。自组织性是现代治理的显著特征,各主体在规则框架下形成自动协作机制,增强了治理体系的适应性和响应速度。协同治理理论弥补了传统治理的局限,强调各主体间的合作。它提出了一个边界模糊、交互合作的自组织网络,有效地促进了治理实践。这一理念强调了社会多元主体在安全治理中的合作必要性,保证公共安全治理的连续性和稳定性。协同治理赋予了主体以新的治理思维,以更灵活、高效的方式应对社会多变挑战,构建更为复杂的治理体系。总体而言,现代公共安全协同治理的主体集合了社会型、权威型、混合型以及市场型多元形态,共同织就治理的社会网络,实现了全面而深入的社会管理和服务。

在社会公共安全多元协同治理中,权威型主体,尤其是警务力量,担当关键角色,作为治理的能量源和战略引领者。其功能归纳如下:首先,权威型主体要弘扬安全观念,以理念上的引导夯实社会秩序。通过培养正确的安全意识,能有效预防风险并巩固对安全的共识。同时,它需负责构建协同治

第三章 社会公共安全多元协同治理的结构与机制

理组织架构，提供平台以促进各治理主体间的协调和互动。其次，权威型主体承担制定和完善公共安全法律制度框架的任务，旨在规范行为，确保治理活动符合法律，并维护正义。与此同时，应通过激励机制激发社会各方面对公共安全治理的参与，借助从物质到制度层面的多种激励，推动积极参与。此外，为应对安全挑战，权威型主体亦需建立完善的信息网络和专业平台，加强公共安全信息的处理和分析，提升协同治理的智能化和效率。权威型主体结合国家强制力，在合法约束、资源整合和动员上占据优势，发挥其在决策和执行环节的核心作用。然而，这一主体亦面临挑战：若权力过度，可能导致政府规模膨胀、社会成本透支和预算增加；缺乏监督可能引发权力滥用、侵害群众利益。权威型主体占据的重要地位意味着策略失误可能导致安全失序，造成严重后果。因此，必须构建有效监督机制，保障其权力的合理行使及责任的完善履行。

市场型主体是社会公共安全多元协同治理体系中不可或缺的一环，它们由追求经济效益的组织构成，致力于在公共安全领域提供多样化的服务和产品。在社会公共安全协同治理体系中，市场型主体起着至关重要的作用，它们不仅为治理体系提供新的活力，而且在创新和保障服务质量方面扮演着重要的角色。市场型主体的介入扩展了公共安全治理主体的范畴，比如私人保安的增加一方面满足了公共场所安全需求的增长，另一方面也对国家公权力在秩序管理中的权威位置造成了挑战。公权力主导型供给主体依然在公共安全供给中占据中心地位，支持着社会安全的基础设施和引领公众的方向。随着公众对于安全产品与服务质量的关注提升，市场主导型供给主体以适应这一趋势，提供面向普通消费品的安全服务和产品，从而满足不断上升的公共安全需求。市场主导型主体的服务对象和服务场所更为多样化，不再局限于公共场合，扩展到私人领域，逐渐抹平了公共生活与私人生活的界限。通过商业化的服务模式和先进技术手段，市场主导型供给主体不断创新以匹配复杂的社会需求，有效缓解民众的安全担忧，减轻了公权力主导型供给主体在公共场所的治理压力，并对社会治理的构建起到了积极的支持作用。

社会型主体在公共安全多元协同治理中起着不可或缺的作用，它通常由非营利组织、志愿者团体、居民自治组织等构成，与民众的生活息息相关。由于资源有限，特别是在资金、技术和人力等方面的制约，社会型主体提供的服务往往只能覆盖有限的区域和人群，造成服务的碎片化和区域供给差异。这种分散的资源配置模式可能造成一些地区的安全需求得不到有效满足，出现治安死角或是对某些安全事件的应对不足。再者，社会型主体的专业能力和系统性管理往往也不及公权力主导型供给主体，这可能在面对复杂或大规模安全事件时显得力不从心。为了解决这些不足，社会主导型供给主体需要与政府、市场型主体以及其他协同治理参与者建立更紧密的合作机制。政府部门有责任提供资金支持、政策指导和专业培训，以增强社会型主体的服务能力和覆盖范围。市场型主体可以通过技术合作和资本投入，助力社会型主体提升服务质量和效率。与此同时，社会型主体本身也应不断寻求提高自身的专业化和系统化管理水平，加强内部建设，提升其在公共安全治理中的整体功效。综合来看，社会型主体尽管存在一定局限，但其在丰富治理内容、加强社区参与和促进社会稳定方面的积极作用是显而易见的。它们不仅是协同治理系统中不可或缺的一部分，而且是连接个体公民与更广泛治理网络的关键环节。因此，社会型主体不仅需要得到其他供给主体的支持与合作，也应在保持其公益性和自发性的同时，持续提升其在协同治理中的有效性和可持续性。

社会型主体因其独特的属性在公共安全多元协同治理体系中占据着无可取代的位置，该类主体所具有的优势在于其深入基层、紧密结合民众生活的特性，它们通过非营利的方式，秉承为民服务的精神和奉献意识，紧紧围绕民众需求进行各种公共安全服务的提供与安全知识的传播。社会型主体的首要优势在于其与普通大众之间的紧密联系与高度亲和力，拥有较高的社会评价。社会型主体的工作人员通常是更了解民众诉求的社区居民，他们的服务不单单是出自岗位职责，更是基于为民造福的社会使命感和责任心。此类主体重视民意，响应迅速，是社会协同治理力量中对民众诉求回应性强的一个组成部分。其次,社会型主体的基层性使其在公共安全领域发挥特有的优势。这种特征体现在它们深入社区、贴近民生的能力上,使其能够充分挖掘和利用本地资源,更灵活、精准地提供服务。增强了社区内的凝聚力。在促进公共安全方面,社会型主体可以利用其影响力推广安全知识,引导居民形成正确的安全防范意识和行为习惯。此外,社会型主体还在促进公共安全柔性供给的发展上发挥着重要作用。它能够通过道德教育、社区活动、公共安全宣传等形式,构建良好的社会治安氛围,增强民众的安全感。社会型主体的参与可以有效提升民众的安全素质和自救互助能力,减少对外部安全服务的依赖。与权威型主体和市场型主体相比,社会型主体能够提供更为贴心和符合实际需求的服务。权威型主体虽然能够提供直接有效的安全服务,但可能存在自上而下指示的弊端,容易引发民间的非议或排斥。市场型主体尽管能够迅速响应个别民众的定制化需求,但其商业本质使得服务并不总是以公共利益为出发点,因而其服务范围和影响力相对有限。相反,社会型主体能够深入地了解和满足民众对公共安全的基本需求,通过促进社区自主管理和参与式治理,有效解决价值冲突和利益纠纷,发挥独特的社会治理作用。在推动协同治理时,社会型主体发挥的是基础但非常关键的作用。其不以营利为目的、强调公益性以及根植于民众信任基础的特点,均显示了它在构建和谐社会、增进公众福祉方面的重要性。虽在资源配置与服务范围上可能存在限制,但其在促进民众参与、提升安全意识和自我保护能力等方面所作出的正面贡献也同样不容小觑。社会型主体通过充分发挥自身优势,不仅增强了社会安全治理的有效性,还进一步推动了社会协同治理体系的健康发展。

混合型公共安全多元协同治理主体,或简称混合型主体,是一个在治理结构上具有多元归属和特点的组织形态。这一类主体不同于纯粹的公权力主导型、市场主导型和社会主导型主体,它们往往具备这些主体中的多种特征,形成独特且灵活的治理力量,在公共安全治理体系中发挥着重要的作用。以辅警为例,这一角色在公共安全治理中非常显眼。辅警作为公权力体系的一部分,虽未拥有法定的执法权,但基于其公安体系内的服务地位,有着与公权力密切相关的背景，可以快速响应正式警力的指令，并作为一种补充力量，为维护社会治安秩序提供助力。辅警通常由政府出资支付薪酬，虽然具有劳动报酬，但其活动不以营利为主导，更多的是为了维护公共安全。除了拥有类似于公权力主导型主体的部分功能外，辅警的工作性质又与市场有一定的联系。他们在市场中为安全服务的需求方提供劳务，但与完全市场化的主体不同的是，他们并不追求市场利润最大化，工作目标仍然围绕公共利益和社会安全。此外，辅警的自发性和受社会道德体系支配的一面又显示出了其与社会型主体有着类似的特征。其在执行职责时需要得到社会的认可和尊重，遵循社区的价值观念和道德标准，并可能受到公众监督和舆论评价的影响。混合型主体的另一个典型实例是第三方公共安全监督与评估组织。这类组织在构成和功能上融合了多种主体的特色，它们可能由市场运作的企业、政府机关部门和非营利组织共同参与组成，目的是提供高效、中立、专业的公共安全服务。这些建立在公私合作模式上的第三方机构能够结合市场的灵活性、公权力的权威性和社会型主体的公益性，形成独立于传统公共安全力量的多面型治理实体，其工作既受市场力量的影响，又处于公权力的指导之下，同时保持着必要的志愿服务和公益性质。混合型主体的出现，不但丰富了公共安全多元协同治理的手段和层次，也提高了治理体系的适应性和灵活性。基于其混合的治理特性，混合型主体在执行具体工作时，能够有效结合各自领域的优势，弥补各个单一主体在特定条件下可能出现的不足。综上所述，混合型主体在公共安全协同治理体系中占有一席之地。在实践中，由于其既非纯粹的官方力量，也非完全的市场力量，拥有更大的空间和弹性来应对复杂多变的安全环境和挑战，以及平衡各方力量，增强治理效率和效能。因而，无论是辅警还是第三方公共安全监督与评估组织，他们都体现了混合型主体在协同治理体系下的重要地位和日益增长的作用。

混合型公共安全多元协同治理主体兼容并蓄，融合多种治理元素，是一种具有独特优势的治理主体。这类主体因其特殊的构成，具备多方面的优势，这也决定了他们在协同治理中发挥的多样作用。第一，行动的灵活性和自由度。混合型主体的行为不被单一的治理模式所限制，他们可以根据不同的公共安全情境，灵活选择合适的行动方案和模式。这种自由裁量权使得他们能够快速适应环境变化，采取灵活多变的手段应对突发事件，保障公共安全的有序进行。第二，广泛的参与对象。混合型主体通常牵涉范围广泛，包括但不限于政府部门、市场组织、民间机构等，这种跨界合作不仅可以集聚各方面的资源和优势，还能够激发出组织和个人层面的积极性和创造力，增强整体治理能力。但也存在一些缺陷：一是规范性制约的不明确性。混合型供给主体由于涵盖多种元素，其行为规范往往相对宽泛和模糊。这可能会导致在公共安全治理过程中难以施加针对性的规制，影响治理效果的最大化。二是监督的难度。由于较为模糊的治理边界和复合的利益关系，混合型供给主体的行动监督相对困难。这不仅可能会降低其执行公共安全任务的效能，还可能导致资源的浪费和风险的增加。尽管如此，混合型供给主体的存在对于现代社会公共安全的协同治理至关重要。在今天这个复杂多变的世界中，没有哪个单一的主体能够独自应对各种安全挑战。

（一）社会公共安全多元协同治理中的权力行使

在当前复杂的公共安全环境下，公共安全治理正经历由传统的管制性方式向多元协同治理网络的转变。这一转变背后的核心是权力配置的合理化，它要求主体间的权力关系能在治理网络中有效发挥，强化安全供给的稳固基础。历史上，政治授权模式经历了几个发展阶段：古希腊时期的直接授权方式强调民众的直接参与和民主决策；封建社会的权力授权侧重权力继承和等级制度；现代代议制国家通过间接授权方式实行民众通过代表行使权力，并强调代表制的重要性。随着授权理念的演进，逐渐形成了基于契约的权力配置机制，确立了代理关系和法制框架内的规范化治理。在当代社会中，群体权利的行使出现了不安全感和焦虑，催生了公共与个人权利之间的紧张关系。这促使政治学的研究重心转向社会和社会资本的深层研究。在全球范围内，社会团体的兴起和民主化的发展正在驱动公共事务管理方式的转变，其中公共管理的崛起表明了管理重心的社会化和治理理论的框架作用。在强调协同治理的今天，合理的授权显得尤为重要，它是国家履行安全职责和实现安全目标的必要条件。权责一致的原则在安全协同治理中扮演着关键角色，尤其是对基层管理人员的授权程度，影响着治理成效。合理的授权能拓展基层工作人员的自主权，提升其积极性及适应环境的应变能力。合理授权的两大主要好处是：第一，激发基层人员的工作热情和自信，使其发挥个人优势，提高工作效率。第二，增强基层人员应对不确定隐患的应变和适应能力，从而提升整体公共安全治理的灵活性和实效性。在法律框架内赋予基层足够的灵活性，并且适度分配自主权，可以有效地提升对突发安全事故的响应能力，实现更为精细和高效的公共安全治理。

在现代社会中，公共安全治理正逐渐转向灵活的契约授权与赋能授权相结合的治理模式。契约授权对于公共部门而言，由其稳定性、规范性和可预见性的特质而易于被接受，但它的适应性和刻板性问题——如面对突发状况或变化迅速的安全环境时的难以应对，以及在实践中可能过于严苛，限制基层创新和应变能力——也逐渐显现。为此，契约设计时应考虑预设应对机制和加入弹性条款，以增加组织的急变适应性和工作灵活度。为了克服这些问题，赋能授权成为了有力的补充，它基于对基层人员信任的赋权机制，鼓励他们提升自身能力并赋予较大的自由裁量权，以激发员工积极性、创新精神并有效应对复杂变化的环境。契约授权和赋能授权的有机融合，可以结合两种方式的优点，保持授权的稳定和规范性，同时增强灵活性和适应性，形成一种高效解决安全治理问题的新模式。在安全治理的实践中，赋能授权的意义在于赋予基层工作人员根据不同安全需求构建服务的能力，这对提升治理效果至关重要。政府角色对公共安全的赋能至关重要，作为治理核心，政府不仅组织和设计安全策略，还提供必要的资源支持。管理理念的创新和扶持机制，能够吸引多元治理主体共同参与安全管控，增强社会责任感。安全协同治理网络是公共安全的另一核心组成部分，分为应急性的危机处置式网络和公权力主导型网络。危机处置式网络通常应用于突发事件，需构建由多方责任主体构成的专项网络，而公权力主导型网络则强调政府在紧急事件中的领导和协调作用。各主体在加入网络后应相互协作，共同应对危机。综上所述，现代公共安全治理需要授权机制的创新，融合契约授权的稳定性与赋能授权的灵活性，增强基层自主性和危机应对能力。同时，政府应继续担任关键角色，构建并引导安全协同治理网络，以达成多元协同治理的终极目标。

政府为私人主体的安全产品开发和服务创新提供必要的前提条件。这种合作方式使得公共安全治理变得更加协调，利益相关方共同分享责任和利益，共同为实现安全目标而努力。在安全服务的实施中，信息技术起到了重要的推动作用。现代公权力主导型主体通常运用信息化手段进行公共安全治理，与直接面向公众服务的部门相结合，将一些具体的治理任务委托给其他主体来执行。这些包括与商业信息系统合作进行数据收集和分析，与社区组织合作开展邻里互助，构建网上解决社会矛盾的平台，以及利用志愿者网络进行安全宣传和教育活动。公权力主导型主体借此可以集中精力负责一些宏观的治理职责，如平台建设、政策制定、治理框架搭建等，而把日常运作和细节的执行工作分散到市场和社会主体手中。这样一来，基于不同主体的独立性和专业性，治理过程可以更加灵活且具有针对性。此种多元协同治理模式的核心有赖于所有参与主体的通力合作，形成一个高效、透明、互动性强的公共安全治理网络。在这个多元协同治理的框架下，安全产品和服务供应商得以创新并优化其供给模式和方法。通过实践的检验和市场的反馈，这些主体可以不断进化其服务，以更好地满足公众对公共安全的需求。他们的供给能力和参与积极性不仅对治理效果有直接影响，同时也是推动治理体系一体化转变的重要动力。最终，公共安全多元协同治理的目标在于建立一个共享资源、相互支持、协同应对各种安全挑战的综合体系。在这一体系中，公权力主导型主体、社会主导型主体和市场主导型主体各自发挥其独特功能，搭建起了立体化、异质化的治理结构，使得资源得以充分利用，风险得以有效防范，为民众带来了全面且持续的安全保障。

（二）公共安全多元协同治理主体之间的关系

在社会公共安全多元协同治理的战略框架中，各个社会主体的相互独立与相互依存的关系十分明显。政府、企业、社会组织和公民个人等均扮演着不可忽视的角色，而且他们所持有的资源类别和数量不尽相同，这些资源的有效动员和整合是确保社会公共安全的关键所在。首先，政府作为公共安全治理的领导者，拥有最为广泛的资源，包括法律制定的权力、行政执行的权力、调动社会资源的能力等。政府持有的资源对于协同治理至关重要，其必须善于调配和运用这些资源，确保安全治理体系的统一性和有效性。在资源共享的策略上，政府要评估和预测可能威胁社会稳定和秩序的因素，及时制定预防措施和响应策略，并推动法律制度的完善，保障公共安全相关政策的实施。企业作为社会经济活动的重要主体，通常具备人力、财力和物力等有形资源，同时在技术、管理和市场运营等方面亦拥有丰富的无形资源。企业可在保障自身安全生产和经营活动的同时，将这些资源投入到社会公共安全的共同治理中。为此，企业要根据自己的业务特点和能力，与政府和社会组织协商合作，积极参与到公共安全领域的风险评估和防范工作中来。社会组织是连接政府和民众的桥梁，在社区基层具有广泛的影响力和动员能力，可以通过开展公共教育、引导志愿活动、提供专业咨询和支持等方式，将无形资源转化为社会公共安全治理的有效力量。社会组织要深刻理解自身的职责和定位，协助政府更好地向公众普及安全知识、提升民众的安全意识和自救互助能力。公民个人则是协同治理体系的基础单元，他们拥有诸如信息、知识、技能等无形资源，这些资源在协同治理中同样举足轻重。公民不仅要积极提升自身安全素养，还应当通过参与社区治理、加入志愿者组织等方式，将个体力量集结起来，共同为社会公共安全贡献力量。在此基础上，协同治理的核心是资源的共享与协作。政府需要通过建立有效的沟通协调机制，促使各种资源在不同主体之间流动和整合，形成协同效应。

社会主体间建立起的信任成为协同合作发挥作用的一个关键要素。只有

第三章　社会公共安全多元协同治理的结构与机制

在相互信任、相互尊重的基础上，各个参与方才能够更好地协商合作，确保每一个主体的利益和诉求得到充分的保护和尊重。无论是政府和企业之间、企业与民众之间，还是民众与社会组织之间，信任关系都是合作成功与否的决定性因素。信任能够减少治理过程中的不确定性和风险，降低交易成本，增强政策执行力，并在一定程度上，提高整个社会的凝聚力。对于政府而言，建立和维护社会信任尤为关键。作为协同治理的主导者，政府的每一项决策和行为都会影响到其他参与主体和广大民众。政府需要通过透明、公正和高效的治理实践，赢得各方的信任。例如，政府发布的信息需要准确可靠，对公众意见和建议需要及时反馈，决策过程应当尽可能纳入民意并体现公平，政策执行要严格遵守规章等。公共部门与社会主体之间的信任关系是互动性的。公共部门在决策和执行时的开放性越高，对社会主体诉求的响应越及时，所能建立的信任度就越深。同样，社会主体对公共部门政策的遵守和支持，反馈的真实度，能有效提升双方之间的信任感。在政府管理的视角下，政府的合法性需要法律和社会两个维度的认同。合法性不仅反映政府行为是否合乎法律，也体现了政府是否得到民众的广泛支持和认可。广泛的社会支持和高度的信任关系，能够使政府的决策和行动更具合法性和公信力。政府应当积极推动含多方利益的公共决策，确立参与和沟通的制度机制，使决策过程公开透明，加强与公民和其他社会主体的对话和协商。这种互动不仅能够提升政策有效性，也能在长期的互动中建立起民众与政府之间的信任。实现社会全体成员自愿参与到协同治理中，离不开对整个公共部门，特别是领导层的信任。这种信任基于政府在危机事件中处理得当、在平时提供高效服务、在制度建设中不断回应民众需求等方面的持续体现。同时，政府应深化改革，构建公正、清廉的政府形象，这是赢得民心和信任的基石。此外，建立有效的监管与问责机制也是提升信任的重要途径。对公共部门及其官员的行为进行适当的监督，确保他们接受民众的广泛审查。具备问责机制的政府更能让民众放心，因为他们知道政府的错误和不当行为会受到追责和纠正。这种透明度和责任感的体现，是建立公众信任的基础。总之，多元协同治理体系的成功运作，是基于参与主体间所建立起来的信任体系。这种信任需要政府凭借公正、透明和有效的治理行为来维系和加强。只有在建立在相互信任的基础上，社会公共安全协同治理体系才能发挥应有的功能，实现共建共治共享的社会治理目标。

（三）公共安全多元协同治理主体之间的冲突

社会公共安全多元协同治理体系的建立，需要各参与主体之间建立起相互信任的关系。信任是社会治理的基础和纽带，是社会协作的前提和动力。只有在信任的基础上，各参与主体才能够摒弃功利主义和个人主义，放下利益冲突和心理隔阂，以公共利益和社会安全为出发点和落脚点，真诚地沟通、协商、协作，形成共识、共担、共赢的局面。然而，当前我国社会公共安全多元协同治理体系还存在一些问题和挑战，其中之一就是各参与主体之间的信任缺失。这种信任缺失，主要表现在以下几个方面：

一是政府与社会之间的信任缺失。政府是主要责任主体，也是多元协同治理体系的核心和引领者。政府应该充分发挥自身的权威性，积极引导社会各方面的参与，建立起政府与社会的互信互助关系。然而，由于政府的治理能力和服务意识还有待提高，导致政府在社会公共安全事件的预防、应对和处置等方面，难以赢得社会的信任和支持。

二是企业与社会之间的信任缺失。企业是社会公共安全的重要主体，也是重要的参与者。企业应该充分履行自身的社会责任，建立起企业与社会的信任与合作关系。然而，由于部分企业的道德水准和法律意识还不高，导致企业在社会公共安全治理方面，难以得到社会的理解，甚至引发社会的质疑。

三是社会组织与社会之间的信任缺失。社会组织是社会公共安全的重要主体。由于社会组织的数量和质量还不够，社会组织的运行机制和管理规范还不完善，致使社会组织在社会公共安全事件的治理方面，难以发挥应有的作用。

四是公民与社会之间的信任缺失。公民是社会公共安全多元协同治理体系的最广泛的参与者。由于公民的法治观念意识还不强,公民的参与渠道和参与方式还不多,从而使公民在社会公共安全事件的发生、应对、后果等方面,难以形成有效的社会共识,甚至引发社会的冲突和对立。

以上四个方面的信任缺失,不仅影响了社会公共安全多元协同治理体系的有效运行,也影响了社会公共安全的维护和提升。因此,必须加强各参与主体之间的信任建设,汇聚社会公共安全多元协同治理的合力。

在社会公共安全多元协同治理过程中,存在着参与主体间的个人利益冲突和治理结构的内在冲突。其中,组织文化的冲突尤为明显,例如网络治理理念与科层制度文化之间的冲突。马克斯·韦伯的理性官僚制理论认为,法理型权威是现代官僚行政管理组织的基础,但随着全球化、市场化、信息化的推进,民主的重视程度提高,传统的官僚制行政组织文化对个性全面发展、利益多元的诉求及公民参与公共事物的需求越来越难以满足。因此,社会公共安全多元协同治理政策的制定需要确保多元化、弹性化和扁平化。同时,必须对不同参与主体之间的文化差异给予足够的重视与尊重,否则可能会激化各参与主体之间的矛盾,破坏合作关系,削减协同治理的作用,甚至可能演变为冲突。

为解决社会公共安全多元协同治理中的冲突,形成包容氛围,需做到以下几点:

建立多元化管理机制:以民主、平等、正义为原则,通过设立公共参与平台和网络投票系统,引导各界群体参与决策和治理。

实行扁平化管理:减少层级,提高决策效率,强调团队协作,推动社会公共安全事务高效进行。

理解和尊重文化差异:鼓励各文化在共同价值观基础上交流融合,通过文化交流活动和跨文化理解培训,加强不同文化间对话。

建立协商机制:在平等、公正环境中进行协商,各方充分表达诉求和关切,共商解决方案,有助于化解文化冲突。

搭建信息共享平台:建立统一平台,使社会各界顺畅共享公共安全信息,确保信息安全性和准确性。

预防和应对文化冲突：建立文化冲突早期预警机制，及时发现潜在问题，采取有效干预措施，提高社会成员文化素养。

二、基础因素

（一）信息化

社会化信息采集是公共安全协同治理的重要组成部分，能够全方位地明确社会变化状况，调动所有的社会力量，展开安全协同治理工作，从而加大管控威胁社会公共安全要素的力度。

在实际操作中，我们可以通过各种方式来收集信息，例如，我们可以通过公众反馈来了解公众对于某个问题的看法和态度；我们可以通过舆情监控来了解社会的舆论动态；我们可以通过社交媒体数据来了解社会的热点问题和趋势；我们还可以通过专业机构的报告来了解某个领域的专业知识和信息。这些信息经过处理和分析，就可以为我们的决策提供有力的支持。通过社会化信息采集，我们可以更好地理解社会的变化状况，进而调动所有力量，共同参与到公共安全的治理工作中去。例如，我们可以通过社区居民、社会组织等多元化的社会力量，共同参与到社会治理中来，形成社会治理的合力。在未来，我们应该进一步加强社会化信息采集的研究和应用，以便更好地服务于公共安全协同治理，维护社会的稳定和安全。

公共安全协同治理的实施需要构建一个有效的系统，这个系统的建设需要做到以下几点：

第一，区域安全信息共享系统的建设。区域安全信息共享系统，可以提供可靠的支撑和助力。通过增强兼容性，消除技术壁垒，从而实现安全信息的共享。这个过程需要充分发挥现代信息技术的作用，以提高信息处理的效率。

第二,国际经验的借鉴。在公共安全治理方面,我们可以借鉴国际上一些先进的经验。例如,美国在警务执法活动中充分应用了先进的计算机技术,信息成为执法工作的重要枢纽。

第三,中国的信息技术应用。从中国的角度来看,信息技术已经成为指引警务工作快速运作的重要支撑。警务信息平台发展成为安全管理的主要依托,而安全协同治理的技术条件则建立在将信息平台作为核心,将多种安全信息纳入其中形成可靠的信息网络。这就要求我们不断提升信息技术的应用水平,加强信息基础设施的建设,提高信息资源的开发利用效率,以满足公共安全协同治理的需要。

总的来说,公共安全协同治理的实施需要我们构建一个有效的系统,这个系统的建设需要我们做好区域安全信息共享系统的建设,借鉴国际经验,以及加强中国的信息技术应用。并以此有效地推动公共安全协同治理的实施,提高公共安全治理的效率和效果,从而更好地维护社会的稳定和安全。

(二) 组织架构

在信息化的推动下,公共安全治理的组织架构正在发生深刻的变革。传统的官僚体制,以其合法性和理性化为主要追求,强调效率和规范,但在新时代的背景下,这种单一的组织形式面临挑战,不足以应对社会安全面临的多样化挑战。

社会逐渐趋向突破以往官僚制组织体系,形成更加灵活、先进的组织结构。这种新的组织结构以信息化为基础,以协同治理为原则,以公众参与为特征。在这种结构下,公共安全治理的主体不再专属于政府,而是全社会的共同责任。政府、社会组织、企事业单位、公众等都可以通过信息化平台,共享安全信息,共同参与到公共安全治理中来。

总的来说,在信息化的推动下,公共安全治理的组织架构正在发生深刻的变革。我们需要不断推进体制机构改革,构建一个更加灵活、先进的组织结构,充分发挥信息化的作用,调动全社会的力量,共同参与到公共安全治理中来。只有这样，我们才能有效应对社会安全面临的多样化挑战，维护社会的稳定和安全。

随着社会的发展，公共安全治理的组织架构正在向网络化架构转变，形成了一个由多个网络节点组成的结构，这些节点之间可以实现信息的快速传递和共享，形成更加高效的协同机制。在当前社会环境中，根据上述思路塑造的安全协同治理框架存在一系列安全潜在风险问题，因此我们需要深入思考安全协同治理的设计，以确保在打破当前官僚制的基础上展开网络化建设。这一组织设计的主要考虑因素包括：规模较大组织的固有特性导致了一系列对整体协调不利的障碍，其中技术性限制和利益矛盾是主要问题。这些障碍可能导致组织行为缺乏协调性，或者使协同的成本显著上升。网络化建设的核心理念在于通过培养非正式组织机构，解决由于权威机构导致的信息传递和资源整合问题。在社会管理组织结构中，公共安全多元协同治理网络的目标层次清晰，首先是实现社会公共安全和维持正常社会运转，其次是建立有效的社会公共安全多元协同治理机制，最终是达成特定的社会公共安全政策目标。

随着社会公共安全协同治理网络的不断发展，个体和群体转向更加积极地参与社会公共安全政策的制定和执行过程。非政府性组织与官僚机构的紧密合作为社会公共安全多元协同治理体系注入了新的活力。这种协同治理的模式不仅提高了治理效率，还创造了更开放、透明、响应更迅速的治理环境。社会组织和政府性组织之间建立的良好信任关系为制定和执行社会公共安全政策提供了坚实的基础。同时，体系内的个体群众不仅仅是政策的执行者，更是社会治理的参与者，为建设更为安全、和谐的社会做出了积极贡献。

首先，规模庞大的组织天生存在着许多不利于统筹协调的阻碍，包括技术性局限和利益矛盾。这些因素可能导致组织行为缺乏协调性，或者使得协同成本显著上升。在社会公共安全多元协同治理中，要应对这一问题，就需要构建一个更加灵活、高效的协同网络，以便更好地适应复杂多变的社会安全环境。这种转向非官僚、网络化的组织结构，有助于提高信息的流通效率，

第三章　社会公共安全多元协同治理的结构与机制

降低协同成本，使社会公共安全多元协同治理更具适应性和灵活性。在社会管理组织结构中，公共安全多元协同治理网络的最终目标可以分为五个层次。一是实现社会的公共安全和维持正常社会运行。二是推动社会公共安全多元协同治理及其方针的贯彻执行。三是实现特殊的社会公共安全政策目标。在实现社会公共安全多元协同治理目标的过程中，网络化建构提供了一种新的组织形式，有助于组织间和规模庞大的组织内部的协同协作。通过借鉴非官僚性组织的灵活性和高效性，社会公共安全治理可以更加贴近实际需求，更加灵活地适应变化多端的社会安全形势。总体而言，为了有效应对社会公共安全问题，安全协同治理的设计需要以突破官僚制度、转向网络化建构为主要基础。这种转变有助于应对规模庞大组织协同协作中可能出现的问题，促进社会公共安全多元协同治理体系的发展。通过设定明确的目标层次，引入非政府性组织的积极参与，社会公共安全治理体系能够更好地适应复杂多变的社会安全环境，为实施社会公共安全方针政策创造更为有利的条件。

在当前社会背景下，建立社会公共安全网络化制度，要求个体尊重并遵守社会制度的规定，以自身安全为动机，积极主动参与社会公共安全多元协同治理行动。社会公共安全网络化制度的作用涵盖以下三个方面：首先，在网络化社会公共安全体系中，有助于增强社会个体之间的互信和交流。以往，个体之间的交流常常受到相互不信任或不尊重的困扰。然而，随着时代的发展和社会公共安全意识的普及，社会群体逐渐认识到自身的安全与社会公共安全密切相关。这种认识有助于打破过去的隔阂，促进个体之间更加积极的互动和协作。其次，社会公共安全网络化制度有效地融合了个体的安全需求和维护安全的动机。在这个制度中，个体、社会群体组织与政府之间建立了一个有利于沟通交流的渠道，各方在这个渠道中能够实现对安全利益的诉求，进一步推动社会公共安全多元协同治理体系的发展。在构建社会公共安全网络化体系时，以纵向协同为出发点，由社会权威机构制定政策方针，政府机构调动社会各种资源来实施这些方针政策，最终达成社会公共安全多元协同治理的目标。纵向协调意味着以长远的眼光来设计整个社会公共安全多元协同治理系统的布局。在实现社会公共安全目标的过程中，政府各职能部门和社会群体组织都要充分发挥自己的作用和职责。不能单靠警务部门来实现社会公共安全的治理，而是要建立以政府组织为核心、各阶层社会共同参与的社会公共安全协同中心机构。在这个中心机构中，政府机构的主要职责是制定方针政策并自上而下地下达指令，协调各参与主体之间的矛盾，明确他们的职责和义务，保持绝对的权威性和执行力，以引导各参与主体共同实现社会公共安全的目标。在社会公共安全协同中心机构中，组织结构要尽量简化，各组织的功能要进行融合。政府机构的主要角色是协调各参与主体的利益，并促进他们之间的沟通交流。其主要职责是构建非政府性的社会公共安全网络体系。在社会公共安全协同中心机构准备阶段，需要注意以下几个方面的特点体现：

社会公共安全协同中心机构采用先进的管理方式，吸引社会主体积极参与构建，而非政府强制。该机构通过互联网信息计划整合各参与主体的信息，充当社会组织之间的信息传递者和联络者，实现信息资源的同步与共享。通过这种方式构建的机构有助于精简政府在社会公共安全多元协同治理体系中的组织结构，实现信息的高效传递与共享。这能够根据社会公共安全方针政策快速整合和利用资源，消除信息沟通交流的障碍，为达成社会公共安全目标创造有利条件。根据美国马里兰大学社会研究组织的研究发现，政府通过长期有效的管理措施能够减少犯罪分子持续犯罪的机会，甚至改变他们的违法犯罪念头。其中，非警务管理措施分为三类。首先是通过家庭教育对有违法念头的青少年进行普法教育工作。其次是对具有违法前科的刑满释放人员进行持续跟踪和职业教育。最后是在监狱或康复中心对涉毒犯罪分子进行教育。这些措施有助于社会公共安全的整体治理。为实现社会公共安全协同中心机构的纵向协同效应，可以制定战略性规章制度。这一规章制度应以务实和信息为基本出发点，利用现代网络信息机构构建完善的社会公共安全网络化供给平台。该平台将帮助各参与主体在社会公共安全多元协同治理方面形成统一的共识，并通过协同合作的方式实现社会公共安全的目标。在实施过程中需要注意以下几点：

共同目标应适应社会经济发展的需求。调研社会民意，找出社会大众普遍关注的社会公共安全问题，并与社会各界共同商议解决方法，形成统一的社会公共安全价值观和目标。明确目标是为了帮助社会群众形成统一的社会公共安全意识，激发他们参与协同治理的积极性。

建设社会公共安全多元协同治理平台，加强社会凝聚力和向心力。重视协同平台的硬件和软件设施建设，整合社会资源，调动社会各参与主体的热情，引起社会各界的广泛关注，形成社会凝聚力和向心力。在数字信息化时代，通过社交媒体网络，收集和利用社会注意力资源，充分发挥协同中心机构的安全信息宣传和推广作用。

制定统一的技术标准、执行程序和协作框架，要求各协同参与主体严格遵守，中心机构对各参与组织进行协同监管。对制定的统一规定的潜在风险和资金压力进行分析评估和预测，使其更合理和安全。对社会公共安全协同机制的运作过程、职责分工和方法路径进行持续有效的监管。根据经营发展理念构建新兴的社会公共安全多元协同治理网络，增加在资金、技术和人才等方面的支持和投入，以快速产生社会协同效应。建立协同激励机制，吸引更多专业的社会公共安全领域人才，为构建社会公共安全协同中心机构贡献力量。

社会公共安全问题复杂，需要全社会参与和协力解决。政府是社会公共安全的供给者和服务者，起到协调各参与主体的利益和诉求，形成统一的社会公共安全价值观和目标的作用。政府在协同体系中拥有权威性，是协同治理活动的引导者和主导者。其职责是根据项目需求整合社会资源，为协同机制提供内生动力。政府不仅协调各参与主体的利益和诉求，还整合社会资源，构建信息资源交流共享平台，消除信息不对称。政府是制定协同机制和制度的主导者，也是整合社会资源的主导者。政府的引导作用体现在协同机制的建立和规范，以及对各参与组织的协同监管。政府注重社会参与和民意反馈，通过社交网络媒体调研社会民意，了解社会公共安全的关切和诉求，形成统一的社会公共安全价值观和目标。建立协同激励机制，吸引更多专业的社会公共安全领域人才，为构建社会公共安全协同中心机构贡献力量。

总之，社会公共安全协同治理需要政府引导协同机制，注重社会参与，借助现代技术，形成社会公共安全意识。通过协同平台，整合社会资源，促进社会各界参与，形成合力，推动社会公共安全治理协同、高效发展。政府引导和协调作用的发挥，需优化机制，保障协同治理顺畅实施，为社会安全稳定作出贡献。

（三）政策体系

社会公共安全多元协同治理方面要求建立健全社会公共安全协同政策体系。通常，这一政策体系以警务政策为主体，包含涉及安全协同的各项政策、制度和措施，覆盖社会的各个领域。社会公共安全秩序一直是政府关注的焦点，在任何时期，国家都会将社会公共安全秩序视为维护社会稳定的必备条件，对破坏社会安全秩序的行为采取严厉的惩罚，以实现震慑的效果。执行社会公共安全政策不仅是为了维护司法公正，更是为了实现社会稳定。社会公共安全案件中，无论大小，都应受到足够的重视。这有助于彰显国家机器的权威，并强调对社会公共安全的执法决心。值得注意的是，西方社会最早形成的警务系统与现代的体系存在本质上的不同。过去的警务系统主要为统治者提供服务，缺乏系统化和专业的训练。西方社会的基层社区管理长期处于自我管理的状态，社区组织成员在警务系统的协助下，从事社会公共安全治理。然而，在东方社会中，社会基层组织和家族在维持基本社会秩序方面受到传统文化的影响，例如以家法的管理方式代理国法，自主处理危害社区公共安全的行为。社会面上，统治者则依赖严厉的刑罚来维持社会公共秩序的稳定。在很长一段时间里，社会的统治者主要关注对社会的控制需求，而社会公共安全多元协同治理的需求则相对较为缺乏。

在工业革命后，人类社会迎来了城市化进程的快速推进。随着城市的不断发展，社会结构发生了深刻的变化，贫富差距逐渐扩大，社会问题愈加显著,阶级矛盾进一步激化,导致社会犯罪率持续攀升。这一时期的社会问题愈发复杂,对社会治理提出了更高的要求,促使政府积极寻求更为有效的手段来维护社会公共秩序。在这一背景下,现代警务系统应运而生,成为维护社会公共安全的主要力量。特别是在英国,1829年颁布的《大都市警察法》标志着现代警察制度的正式形成,伦敦成立了警察局,这一举措对于现代警务的发展起到了关键性的作用。

三、架构基础

协同学是一门研究复杂系统中结构演变和动态变化的科学,强调不同组件间相互作用下的整体行为。在生态系统中,物种数量变化可导致生态平衡变动;而在社会科学中,此学科帮助理解社交网络演化及市场和经济系统变化。系统动力学起源于20世纪50年代,最初用于工业,后扩展至能源、生态管理等领域。该方法整合多个互动组件,深入探究它们之间的互动及形成连续运动的系统整体。例如在城市交通研究中,系统动力学能够整体分析交通流、道路规划等多种因素,预测未来拥堵问题,制定有效对策。系统动力学的理论基础在于系统和子系统之间的动态互动关系以及它们与环境的相互影响。它通过描述子系统间的联系,并明确控制机制来构建系统框架,推动我们理解变化规律,为可持续发展提供科学依据。

组织管理的挑战之一是理解并优化组织内部的复杂动态。系统动力学为我们提供了一个强大的框架,来分析和改善组织结构和功能。在组织中,每个部门、团队和个人不仅仅是独立的运作单元,他们也构成了组织运作中的子系统,相互之间密切关联并互有影响。运用系统动力学的原理,管理者可以识别和理解这些子系统之间的互动关系。诸如销售部门的业绩如何会影响生产的计划,或者人力资源的招聘政策会如何影响公司文化和员工的绩效。在分析了这些互相作用后,管理者能够建立一个更加清晰和一致的内控体系和沟通框架,以确保组织目标的达成。为了实现整体的协调发展,组织必须确保各个子系统不仅要高效运作，而且要和全局目标保持一致。制定明确的沟通渠道，确保信息流动顺畅，可以帮助团队成员了解他们工作的更广泛影响，同时也让管理层可以及时调整战略和处理潜在的内部问题。此外，系统动力学的思想可以帮助组织应对变化。组织不是静态的，而是需要不断适应外部环境的变化，比如市场条件的变动、技术的发展和社会的进步。通过建立一个灵活、可适应的内部系统，组织可以更好地应对这些挑战，并利用变化实现创新和进步。实际应用中，系统动力学可以通过诸如因果回路图、流程图和系统仿真等工具，帮助管理者理解复杂的系统行为和识别系统中的关键绩效指标（KPI）。通过监控这些指标，组织可以细致追踪不同子系统的表现，并在必要时作出调整。在全局层面上，系统动力学强调反馈的重要性。正反馈强化了系统内的某些行为或趋势，而负反馈则起到调节作用，防止系统偏离其稳定状态。在优化组织性能的过程中，理解和设计正确的反馈机制对于维护系统平衡和促进健康发展至关重要。总而言之，系统动力学为组织管理提供了一个全面的分析和干预框架。通过理解各个子系统之间的相互作用和整体系统的运行机制，管理者可以更精确地预测结果，制定策略，并基于此做出决策。随着组织越来越复杂，系统动力学的方法论和工具变得尤为有效，帮助我们构建了更具复原力、适应性和可持续性的组织结构。

公共安全关系子系统是社会稳定的关键，包括执法机关、紧急救援、社区组织等多个方面的协作，共同确保公共安全。这些构成要素通过相互协调和合作，维系社会安宁，并保护民众生命财产。各部门需强化合作，以有效应对公共安全挑战，并保障公众利益。公共安全子系统涉及组织领导间的互动、领导与下属、警民关系以及媒体公关等范畴。地区公共安全治理还需关注社区自治状态、警民协商机制、警民关系现状、组织间政策一致性以及常态化警务交流体系建设。

信息公示、社会治理信息化、电子政务发展级别及信息流通效率是该子系统的关键要素。信息化建设支持社会安全多元协同，提高政府与执法机构信息处理效率，提升公众反馈渠道便捷性。政府借助信息化实时监控安全事件数据，预测风险并及时响应以保护公益。人力资源，作为社会安全工作的人员及潜在供给，是实现稳定与发展的核心力量。警察、消防员、医护人员和社会工作者等组成的人力资源确保了社会的平安和健康。这些资源的开发和利用受政策、动机和社会环境制约。社区协同治安管理需要考虑相关人力资源，如警务人员配置、安保管理人员流动、居民参与度与区域警力素质。综上所述，公共安全关系子系统通过强化多领域合作和信息化发展，提升社会治理质量，维护社会稳定，促进和谐发展。

社会公共安全结构子系统是维护社会稳定、保障民众安全的核心构成，涵盖经济与社会等多个方面的安全规划与部署。它包括金融监管、消费者权益保护、商业环境规范和犯罪预防机构建设等，是社会和谐发展和个人安全的重要保障。这一子系统不仅全面涉及社会警务、法律执法以及灾害救援等领域，也包含网络安全和个人信息保护等现代信息安全要素。它的有效建立和运行需确保各个环节有机协调、各方力量密切配合。宏观上，社会与经济发展状况、人口流动与城乡建设对公共安全具有深远影响。微观上，非政府组织发展、警务巡逻机制、人口管理等具体因素影响着社会安全的多元协同治理。区域治安的指标体现在组织发展、流动人口现状、经济产业与城市化建设之间的相互作用。政府作为协同引导者，通过顶层设计推动多方协作，并在构筑防控公共卫生威胁时表现出其重要作用。通过建立相应的平台和机制，确保各利益相关方间沟通顺畅、合作有效。完成规划工作后，政府需为各协同主体提供合作空间，支持自组织和协同进程。在现代化进程中，政府不仅担任规划者角色，更应积极搭建交流互动平台和鼓励协作发展，以促进持续的协同发展和繁荣社会的建设。这种努力将为社会带来更安全、有序、公平和稳定的环境，实现公共安全结构子系统的升级和优化。

在古代社会的发展过程中，随着生产力的提升和社会结构的复杂化，人类社会逐步从无阶级的原始时代过渡到有阶级的国家时代。在这个过程中，社会阶级的出现和矛盾的加剧不仅推动了国家机构的产生，也导致了社会的组织形式从氏族共同体向国家政权的转变。这种转变在历史的长河中表现出明显的特征和趋势，尤其是在君主专制时期。在早期的阶级社会中，统治阶级为了巩固自己的统治地位，往往采取了一系列的意识形态宣传和政治手段。他们不仅通过宗教、文化、教育等渠道灌输统治阶级的价值观念，还建立了一套复杂的官僚体系来加强对社会的控制。

工业化时代，随着机器化生产的兴起，效率成为了管理理念的核心。这种理念通过流程优化提升生产效率，催生了社会的重大变革。信息技术尤其是大数据分析和人工智能的发展，进一步细化了生产监控与优化，使得企业随时能够识别问题并提高生产线效率和质量。然而，效率至上的追求并不能解决所有问题，可持续性、资源使用和员工福利等方面同样重要。资本主义作为一种基于私有制和市场经济的生产方式，以最大化利润和资源有效分配为标志。这种经济体系借助竞争和市场规律驱动创新和效率提升，但也产生了社会不稳定和波动。资本主义推动了全球化和国际贸易，促进了技术和资源的跨国流动，但也引发了不平等的现象，如发达国家与发展中国家之间的不平衡。同时，资本主义社会的进步促进了城市化和工业化，引起了劳工运动和社会阶级问题。此外，环境保护和资源可持续性已成为资本主义面临的主要挑战之一。在公共管理领域，韦伯的官僚制理论与行政二分理念指导了现代公共管理机构的形成。官僚制强调命令服从、专业化和成绩控制，在效率为核心的背景下，公共管理达到了新的高度。启蒙运动以来，社会权利和政治力量的渐进过渡导致了公共管理的公共性愈发凸显。工业经济中的劳动分工促使公共管理更趋理性化。然而，官僚制引发的问题也不容忽视，由于其上下等级的结构，公民往往处于被动的位置，这限制了个人的创造力和主动性。在实践中，传统的公共管理可能因过度规范而忽视了实际问题的特殊性，但一些政府部门通过与公众互动，灵活调整政策，有效解决了民生问题，获得了认可。这表明，理性官僚制度下的公共管理，虽然政策制定和执行保障了秩序和效率，但也存在局限，亟须在保持这些优点的同时寻求创新途径。总之，资本主义的理性生产方式及其对公共管理的影响既促进了经济与社会的进步，也呈现出一系列挑战和限制，需要不断探索和完善，以实现更加公

第三章 社会公共安全多元协同治理的结构与机制

正和可持续的发展。

20世纪70至80年代，西方国家面临政府职能过度扩张和全面干预社会的弊端。政府财政赤字激增引发财政风险，效率低下和管理危机由于官僚体系膨胀而显现，社会危机亦因应对迟缓和缺乏创新而频发。这导致了西方社会的一场深刻革新浪潮。人们开始深入审视理性官僚制，并探索管理型公共管理理论。政府内部管理借鉴企业经验，改革层级结构，使之更加灵活和扁平化，同时运用现代管理模式提高效率和质量。政治与市场的关系得到调整，公共服务民营化和市场竞争机制的引入标志着政府管理的市场化。民主化管理则是第二个方向，它首先调整内部层级关系，重视基层官僚的参与性，不再强调行政与政治的分离。其次，认为政府不是公共管理的唯一主体，强调赋予权力于社会，推动政府与民众的合作管理，建立有效的管理网络。民主制行政的思想可追溯至汉密尔顿和托克维尔，而文森特·奥斯特罗姆强调民主行政的前提是平等的参与权、社区成员及其代表的关键决策参与、对命令权力的限制和行政机关转变为服务人民的机构。服务型公共管理是以责任感和参与积极性为中心的制度，强调公民的主动参与和责任承担，政府突破官僚制限制，重视公民权利，提升公共服务地位，反映共和传统的复归。政府与公民构建密切联系，成为不可分割的整体，改变了人民与政府对立的局面。

在公共管理变革中，服务型公共管理成为政府角色转变的重要途径。政府不再单纯以权威行政为核心，转向强调服务公众、满足民需的职能。这种转变正面影响着政府在社会中的形象和地位，提高了其价值和信誉。政府通过倾听公众意见、提供高标准服务及增强透明度，赢得了公众的认可。面对风险社会，政府主动构建防控网络，关注公共安全的广泛领域，如交通和网络安全，采用智能技术，促成社会安全的多元管理。政府与民众的互动协作，不仅提升了安全管理的效率，也拉近了与民众的距离。在此背景下，政府开始关注自组织的力量，认识到自然和人工系统间的互动，以及自组织在公共管理中的重要性。随着对自组织系统理解的加深，政府不再是单一的命令发出机构，而是转变为社会安全领域中的引导者和协调者，推动自组织与人造系统的协同进化。政府发挥作用的领域包括监控、安全教育、资源分配和社会治理等，积极参与并引导公共安全的整体框架和策略制定。政府在社会公共安全中的治理角色体现在以下方面：一是密切关注并响应社会安全需求，从宏观层面统筹安全管理。二是充当资源的有效配置者，确保公共安全多元协同管理的效率。三是为个体提供参与社会治理的激励和条件，使得个体的独立选择与集体目标相协调。政府需找到平衡硬性分配与促进个体贡献的策略，以实现长期稳定的社会安全环境。综上所述，服务型公共管理作为政府转变的关键路径，强调了民众需求为先，增强了政府和民众间的互动合作，提升了公共服务质量，对内部机构的运作更富灵活性和适应性；对外则显示出有责任感的社会角色，促进了公共安全治理的积极发展。政府职能的持续拓展和对社会价值的提升，标志着公共管理不断朝更高效、更民主、更可持续的方向前进。

在社会公共安全的多元协同治理中，关键在于平衡个体与集体的关系，并以集体利益和公共价值为导向制定政策。随着制度的逐步演进，政府需对新制度进行深入分析与规划，确保个体与集体之间的权利和责任得到合理分配。此外，政府要促进社会力量的适当变革，同时激发公众参与精神，避免短见行为损害集体福祉。公共部门应关注群体中的行动失误，通过维护良好的发展环境，防止集体行为对社会稳定造成影响。公共安全合作需强调群体间的合作，以实现秩序和安全。政府借助有效管理与引导，应激活群体和个体的创造性，倡导社会公益，同时监督公共政策执行过程，确保社会安全价值得到实现。最终，通过促进个体与集体的互利互补，共同深化社会公共安全的多元协同治理。

在社会安全多元协同治理中，衡量协作程度的关键在于政府、部门与其他组织或个体间的有效协调。这要求达成共识，平衡不同方的利益，并在信息流通上做好协调，以促进合作与决策科学化。信息化不仅是协同治理的工具，也是统一问题视角、促进主体间行动和通报发展情况的媒介。信息的透明传递和同步处理对提升系统协同效率至关重要，能够促进不同主体之间的

第三章　社会公共安全多元协同治理的结构与机制

互动和资源共享。政府在此过程中将发挥中枢作用，优化信息流转、分析和收集过程，并引导系统内外的深入合作。政府和组织应通过对信息进行梳理、解析和共享，定期更新与公示，提高对风险的预测能力，及时明确应对策略和措施。基层社会组织作为社会公共安全多元协同治理的激活力量，能推动社会治理重心下移，实现政府与社会、居民间良性互动。政府需不断完善协同治理模式，鼓励基层群众的参与，利用数字平台集思广益，提升治理效果。最终，政府应当发掘并利用多元主体的潜在优势，通过制定激励政策来鼓励协作，发挥各方活力，以达到更高效的服务水平和更稳定的社会秩序。

在我国的社会公共安全多元协同治理组织体系中，中央组织体系展现出鲜明的中国特色，这一体系在大一统传统观念和我国政治体制的影响下形成。该治理体系主要由三个层级构成：首先是中国共产党，作为核心的执政党，通过中央政法委来领导社会安全综合治理，以及领导各级工作小组和办公机构；其次是地方政府，其包括公检法等诸多职能部门，既要向上级行政机关负责也要受人民监督，确保执政党的领导下的社会公共安全治理得到贯彻；最后是社会组织，如社区组织、公益事业组织和志愿组织等，它们虽然数量多样且庞大，在整个治理体系中扮演着辅助角色，但都须接受党和国家的领导。这些社会型组织围绕特定目标服务社会，非营利性质使其在社会发展中发挥重要作用，辅助完成由政府交付的各项任务，维护社会秩序和稳定，提供服务以满足不同社会群体的需求，并致力于改善民众的生活条件、提升社会安全感，推动社会公平和谐的进步。

1980年1月，中共中央成立中央政法委员会，作为党中央直接领导的机构，是实现党对政法工作领导的重要组织形式。其主要职能是实施党的决策、处理政法事务、协调政法改革，维护社会稳定。它协调处理重大或突发事件，分析稳定因素，预防风险，打击犯罪以保证社会安全。中央政法委管辖的部门包括公检法和情报治安等，涉及中央至县四级行政层级。1988年曾改为中央政法领导小组，1990年恢复。后成立社会综治委与中央维稳工作领导小组，推进社会治安综合治理。综治委下设多个专项工作小组，涉及铁路保卫、流动人口管理、刑释人员安置等领域，相关职能部门参与管理。至 2011 年，综治委成员机构扩至 51 个，形成了中央到地方的综合治理网络。中央综治委设有八个专项工作小组，各专责特定领域。人口专项小组关注统计及人口普查，解决人口和社会服务管理问题。特殊人群小组管理如刑释、吸毒者、精神病患，推广服务政策和法律。社会安全小组负责治安管理、制定安全规划，如扫黑除恶、反诈骗等，保障群众安全、维护稳定。预防少年违法犯罪小组增强青少年法制道德教育，促进家校配合，保护特殊家庭及学校周边安全。护路护线联防小组动员广泛参与，维护铁路治安。其他小组包括社会管理法律政策小组，负责法律政策制定与领导干部法律教育。各小组向中共中央委员会负责，有调研和监督机构协助执行任务。

四、地方组织体系

社会治理是现代国家治理体系的重要组成部分。政府应倡导改革创新，提高治理体系和治理能力现代化水平。政府要主动适应新形势、新要求，深化各项治理体制改革，扩大社会参与，促进决策的科学性和民主性。同时，需要注重资源整合，不断优化公共服务供给，加强对社会组织的培育和指导，充分发挥每个社会主体的专业优势。部门间合作也是提高多元协同治理效率的关键。应该突破部门之间的壁垒，搭建起部门间的信息交流、资源共享和联动处置的平台，形成强大的政策协同效应。通过精细化管理，推动部门间形成"合力"，共同应对各种社会治理挑战。结合具体情况，可以开展以下几方面的工作：首先是完善法规政策，明确各类社会组织参与社会治理的权限和责任，为多元协同打下法制基础。其次是强化风险防范，建立起社会治理风险评估和应对机制，降低事故发生的概率。再次是推动社会力量培育，通过政府购买服务、税收优惠等手段扶持第三方社会组织发展。最后是加强培训教育，通过提高公民的法治意识、社会责任感，激发社会参与的积极性。综上，我国的社会治理正在由政府主导逐步转变为政府和社会共同参与的多元共治格局。在这个过程中,既要坚持党委的领导核心地位,又要给予政府和社会组织以合理的空间和动力,共同推进我国社会治理的现代化进程。

我国社会公共安全多元协同治理正处于重要的转型阶段,各组织间协调上存在障碍和困难,社会组织在管理体系中的角色缺乏积极性和灵活性。为了解决这些问题,枢纽式社会管理模式提供了一个以服务为导向,充分发挥社会组织潜力的新思路。通过这一模式,政府与社会组织、公众间的沟通更加高效,促进了公共参与,提升了社会管理的质量和水平。此外,社会组织通过枢纽平台的建立,实现了高效率的政策执行,营造了促进组织参与和资源整合的良好环境。转型期的治理体系在实际效果上仍需完善,要求政府对社会组织进行更为科学的管理和监督。通过整合民间组织,社会公共安全多元协同治理得到进一步的理论支持,这不仅提高了社会治理能力,也激发和释放了社会组织的创造潜力和积极性,有助于共同构建起高效、适应性强的社会管理新体系。

第三节 社会公共安全多元协同治理的机制

安全信息是社会发展进程中不可或缺的关键资源。它不单纯是数据和统计的集合,而是对整个社会的有序发展水平的一种反映。同时,安全信息还是我国公共安全领域多元协同治理的核心。在当今日益复杂的社会环境中,多元协同治理不仅是治安管理的需要,亦是促进社会和谐稳定的必由之路。社会公共安全多元协同治理的实施,是对社会管理模式的创新。它调动了政府、企业、公民等各方的参与,共同促进社会安全。在这一过程中,要想有效地推进协同治理,首要任务便是对特定区域公共安全多元协同形势进行科学合理的评估。这种评估能够帮助决策者了解当前的治理成效,掌握治理的方向,为后续的决策提供依据。现存的社会安全信息,如治安事件发生率、犯罪率等,尽管对评估微观领域的情况具有重要价值,但这些数据往往不能全面反映出社会整体的协同治理情况。因为安全不仅仅是一个客观的数据问题，它同样关乎人们的主观感受和预期。从实际出发，我们需要将目光投向更加广阔的视角，从安全多元协同治理者对当前社会秩序和治安情况的评价入手。这需要对公众的安全感进行深入的了解，因为公众的安全感是评价社会治安状况和社会稳定的重要指标之一。人们是否感到安全，是否相信现行的治理措施能够保护他们免受犯罪和其他安全威胁的影响，这些都直接影响到社会治理协同机制的有效性。

受经济发展、人口流动和社会文化变迁等因素的影响，特定区域的社会安全形势持续变化。这导致地方政府在社会安全的预期与实际发展之间可能存在差异。为了弥合这一差异，安全多元协同治理显得尤为重要。该治理模式促进政府、企业、社会组织与公民之间的合作，通过资源共享和信息交流，有效应对安全挑战。资源与信息的充足可以提升人们的安全认识与解决问题的能力，使得社会安全多元协同治理成为关键的政策供给力量。在这一过程中，探究社会组织或个体的动机为理解集体行动提供了新视角。成本回报分析、参与者数量和多样性是评估和促进协同效果的重要因素。同时，认知到结果导向的理性选择行为在个体决策中占有一席之地，有助于设计和实施有效的协同治理策略。借此，既能满足个体需求，又能促进公共安全目标的实现。

曼瑟尔·奥尔森关于集体行动的理性选择分析表明，个体在追求私利的同时会考虑对公共产品的投入，这种自发性贡献源于对个人和集体利益的权衡。个体或社会组织的动机多样：一些个体为了实现更大的个人利益，可能会激励他人共同合作，或者通过集体协作满足自身利益，参与到社会公共事务中。即使在未能显著提升安全效益时，这种参与也能降低潜在安全风险，从而维护集体利益。此外，理性选择还包括利用集体行动满足自身的价值追求或为他人和社会谋福利的动机，如公益组织及志愿者的参与，他们寻求在为社会带来益处的同时实现个人的满足感。在这一过程中，有效的研判和增强协同行动的效应至关重要，个体需通过理性评估来寻找最佳的合作机会，

第三章 社会公共安全多元协同治理的结构与机制

以提升协同行动的收益。

社会公共安全是维护社会稳定、保障民众安宁的关键要素,然而偶然事件具有突发性,常常会引发一系列连锁反应。以一个社区发生的盗窃案件为例,这不仅是一个单纯的治安事件,更是一个影响社区整体安全感和安全管理体系的触发点。当此类事件发生后,我们可以观察到以下几个层面的影响和变化。首先,在居民层面,幸存者效应会促使人们提高警觉和防范意识。居民可能会加强个人及家庭的安全措施,包括购买安防装备、改善住宅的防盗性能以及建立邻里间的联防联控机制等。居民的这种自发行动虽然带有个体性质和防御性质,但实质上已是公共安全多元协同治理的一部分。社区管理层面,则会响应居民的安全需求,加强社区的整体保安措施。这可能包括增聘保安人员、安装更多的监控摄像头以及举办安全知识讲座等。同时,社区还会与警察等执法机构进行信息共享,保持警觉并在必要时请求支援。对于警察而言,此类事件的发生意味着潜在危险的显现,他们不仅需要开展案件侦破,还要展开环境风险评估,加强巡逻频率,采取措施防范类似事件的再次发生。在此过程中,可能会出现所谓的自然协同时机。在理性选择的框架下,安全多元协同治理的发生在不断动态变化中寻找新的平衡点。个人和社会组织应当准确识别并利用这些机会,共同努力维护公共安全,从而在某个点形成一个更加高效率、低成本的协同治理局面。这一点至关重要,因为若能在合适的时间内发现并利用这些协同时机,就可能以较小的成本获得更大的安全保障效能,而且这种效能往往可以覆盖更广的区域,进一步强化安全感和预防犯罪的能力。然而,这类协同时机通常需要快速、准确的判断和反应。若错过或未能有效利用这些机会,反而可能导致安全治理的质量不升反降,届时不仅社会安全治理水平可能不稳定或下降,协同治理的成本也可能上升,造成不少资源的浪费。因此,无论是社区居民、社区管理者还是执法人员,都要时刻保持对社会案件敏感度和反应能力,将情报信息、安全知识、治理技术等因素整合在一起,形成一个完善、高效的协同治理体系。社会安全多元协同治理不是孤立的行为,而是一个复杂系统的体现。它涉及社区的基础设施建设、居民教育、法律法规支持等多个层面。只有各方面协同配合，持续不断地优化改进，才能在动态且复杂的社会情况下，找到成本最低、效能最高的安全治理模式。最终，通过理性把握和有效利用协同时机，最大化地增强社会公共安全多元协同的效应，将个体和集体的安全提升到新的层次，为社会的安定、谐和提供坚实的保障，促进社会的全面发展和进步。在这个过程中，个体和社会组织的合理行动、积极参与和智慧决策至关重要。

  在当前全球化的治理实践中，社会安全监管权责不再仅由政府单一主导，而越发依赖于社会各界力量的共同参与。监管机构逐渐扩展至企事业单位等多级层面，形成了更加完备和全面的监管体系。国家部门与不同社会主体之间的合作有效提升了监管效能并促进了行业的健康发展。欧美国家在第三方公共安全监管体系建设方面较为成熟，其体系广泛覆盖到民众生活的多个领域。尽管中国也建立了相应的监管组织，但个体和社会组织作为第三方的功能发挥仍面临重大挑战。为发挥第三方的协同效能，需要先进的治理理念、完善的组织结构、明确的职责范围和权责均衡等条件。目前存在的组织不健全、观念陈旧、权责不对等问题，需要得到解决。政府在推动社区发展时，应积极引导并启动基于社区的第三方协同机制。这种协同机制应依据法规，确立第三方的法律地位、明确合法手段和依据，制定仲裁途径。第三方协同机制的开启取决于恰当的焦点中心的选取，核心功能是在不同情景下实现有效的公共安全协同治理，此举要求公共部门结合实际情况，设计策略和制度规划，驱动行为模式的转变。在社区安全多元协同治理中，警民互动成为警务力量与社区群众之间的关键。友好的交流沟通不仅增进双方理解和信任，还提供了双向的学习和成长机会。警察通过与居民的交流，可以更好地助力居民增强安全意识；居民则能借此了解警察职责，共同维护社区安全。第三方在安全协同治理过程中的有效参与需要识别自身角色与职责，与公共部门互动交流以明晰治理背景、目的和意义，这种合作模式能够提升治理的效率和质量，整合资源，并增强社区的凝聚力和稳定性。这样的第三方协同治理，使公共安全环境得到改善，优化社区治安，并最大程度上提高整体安全监管

第三章　社会公共安全多元协同治理的结构与机制

水平。

　　社会安全是国家和社会稳定发展的基石，也是保障人民安宁生活的前提。为维护社会安全，中国正逐步建立一个多元协同治理的安全体系，核心在于导向机制、驱动机制和协调机制的建设，从而为实现国家的长远发展目标提供有力保障。首先，导向机制在整个社会安全多元协同治理体系中扮演着方向指示的角色。该机制可以通过法律法规、政策指引和舆论引导等多种形式呈现。例如，政府可以出台相关政策来明确社会治理的主要目标和原则，通过立法来界定各种社会行为的法律边界，同时借助媒体和网络等多种渠道，加强正面宣传，引导公众认识到共同维护社会安全的重要性。导向机制是激励各方深度参与社会治理的基础，其能够明确社会各主体在社会安全多元化协同中的目标方向，从而促进各方行动步调的一致性。驱动机制作为推动各方参与社会安全治理的动力源泉，对于构建积极主动的社会安全多元协同治理环境尤为关键。通过建立奖惩制度，激发社会力量的积极性，使得各领域的社会组织、企事业单位和普通公民都能够积极投入到社会安全建设中来。例如，对于在社会安全中表现突出的个人或单位，政府可以给予表彰和物质激励；反之，对于行为不端的主体予以制裁和责任追究。这样的制度可以引导各利益相关方都为维护社会安全贡献力量，从而形成全民护航社会安全的良好氛围。要系统地解决这些问题，就需要不断完善法律体系，加强部门间合作，建立跨领域的信息共享和资源调配机制等。同时，社区和公民社会组织要积极参与到社会安全治理中，发挥基层治理的优势，切实提升社区治理能力和服务质量。通过上述三种机制的构建和完善，使得社会的每个成员都能在安全稳定的环境中生活和工作，充分体现了以人民为中心的发展思想。在此基础上，为实现国家长期繁荣稳定和全面建设社会主义现代化强国的目标奠定坚实基础。最终，当社会安全多元协同治理的机制运行高效，能够有效促进社会和谐稳定，提高人民群众的安全感和满意度，为建设一个富强、民主、文明、和谐的现代化社会贡献重要力量。

一、导向机制

对于政府而言,关键不仅在于直接行使权力,更在于能够协调和激发社会各方面的力量,包括民间组织、企业、社区、个人等,从而形成合力。这要求政府搭建平台,将社会力量有序地整合到治理体系中来,让各方参与者发挥各自的优势和功能。例如,社区可以发挥对本地区的信息优势,参与基层治理,因地制宜开展宣传工作以提升社区居民的安全意识;企业可以结合自身资源特点,为公共安全提供技术支持和物资援助;民间组织可以利用其贴近群众的特点,发挥桥梁和纽带的作用,进行宣传教育和倡导引导。此外,政府应不断提升警务系统的实战能力和科技水平。这包括加强公安机关维稳能力建设,完善警力调配和资源配置,提高应急处置能力。新技术的引入,例如大数据分析、云计算和人工智能,可以帮助警务人员更好地预测和应对安全威胁,提升治安防控和犯罪侦破的效率。政府还需要依据法治原则,制定和完善相关法规制度,无论是传统的刑事、民事、行政法律,还是新出现的网络安全、数据保护、个人隐私法律,都应该向公众明确社会行为的法律界限及责任,加大法律的宣传力度,提高公众的法律意识和守法意识。同时,政府还需要加强社会危机应对体系的建设,包括建立社会稳定风险评估机制、完善危机预警发布系统、强化紧急状况下的资源调度和后勤保障能力。面对各类自然灾害、突发公共事件和社会安全危机,政府应当采取科学高效的应对策略,确保在关键时刻能够快速、有序地采取应对措施,以减少损失。最后,公众的参与也至关重要。政府需通过教育、培训和各种宣传手段,增强公众的安全意识和防范能力,动员社会公众成为社会安全防护的积极参与者。每位公民都应知道自己在发生社会危机时可以怎样有效应对,以及如何通过合法途径对社会不安全因素进行监督和抵制。通过上述措施,政府将在建立社会安全多元协同治理体系中发挥核心作用,不仅强化了政府自身的职能,也为社会各界提供了参与社会安全治理的平台,有助于构建起一个普遍的安全保障网络，确保国家和社会的长治久安。

为了实现社会安全多元协同治理，政府作为主导力量必不可少，但这一体制还需要社会其他公共安全协同治理机构的积极参与。这些机构包括但不限于非政府组织、社区组织、私营企业、学术机构等，都在社会安全体系中发挥着重要作用。这些机构可以通过提供专业知识、技术支持和资源投入，在保障社会安全的不同领域中创造协同效应。为了协调政府和这些机构的行动，建立科学的决策机制至关重要。这意味着决策过程应当包括来自各方的信息和建议，重视数据分析和风险评估结果，同时确保政策制定的透明度和公众参与度。组织结构也应当足够灵活，能够迅速调整和响应各种社会安全挑战。地方政府机构所扮演的角色是整合各方力量，统一领导并集中协调。通过召开区域性的社会安全专题研讨会，可以汇聚各方专家学者、政策制定者和实战部门的智慧，分析和研究地区安全现状，对可能发生的社会安全危机事件进行风险等级分析。这种分析不仅包括事件本身的风险大小，还有响应措施的有效性以及预防策略的可行性。这些机构还负有同步研究成果的重要职责，需要将分析和研究结果及时通报给所有参与协同治理的相关方。这样做可以确保各方在知情的基础上，共同协商制定出行之有效的治理法律、法规和政策，构建起一个和谐稳定的社会治安环境。

完善的导向机制需要清晰界定每个参与方的职能和职责，以及相互之间的合作方式，政府机构、非政府组织、民间社会和私营企业都应有明确的角色定位和操作路线图。在构建完善的社会安全多元协同治理体系的同时，还需要在立法层面提供助力。随着社会风险的不断变化，现行的法律法规可能会显得不够充分或过时。因此，依据社会安全危机事件的实际情况，政府应适时更新或出台新的法律法规，确保治理体系始终处于有效和法治的轨道上。为了提高治理效力，还需要加强安全教育和培训，提升公众对社会安全问题的认识，同时也要提高专业机构在面对突发事件时的操作能力。通过有针对性的培训和实战模拟，提升从业人员对安全威胁的识别、反应和处理能力。总而言之，社会安全多元协同治理是一个全方位的、系统性工程，需要多方一起发力，构建全民参与、多层级响应的治理新格局。通过这样的体系，社会能够在面对多变的安全挑战时，反应更为迅速、协调更为高效，从而确保国家和社会的稳定与安宁。

行政机构在其职能范围内对管理对象的行为进行约束和管理是政策导向的具体执行环节。各职能部门要根据法律法规和政策，对所管理领域内的活动和行为实行标准化、规范化管理，强化法律法规的宣传教育工作，提高民众的守法意识，保证社会秩序稳定有序。为了确保社会安全政策的有效性，定期的分析研究和评估十分必要。参与协同治理的各方需要交换信息和数据，对当前社会安全问题进行深入分析，评估整体社会安全状况，并据此对策略进行修正和完善。对社会安全未来的发展状况进行预测，不仅有助于预防可能的风险，还能在必要时制定迅速有效的应急措施，以应对各种潜在的社会安全事件。政策导向的实施，要求各职能部门协同工作，强化信息交流，形成协同效应。诸如公安、消防、卫生、教育、市场监管等部门，应根据各自职责，统一行动，提供立体化、多角度的社会安全服务。在此基础上，形成根植于法治理念的社会多元协同治理机制，将有力推动社会安全治理工作的深入发展。最终，政策导向不仅仅是行政命令的发布，更应成为政府和社会各界共同参与、共治共享、相互尊重的治理形态。通过政府的有力引导和社会各方的积极响应，共同构建起一个更加和谐、稳定、安全的治安环境，为打造美好社会奠定坚实的基础。

信息系统应具备强大的数据处理能力和友好的用户服务界面，以便各相关主体可以方便地访问、查询和分析数据。同时，网络安全措施必须到位，确保信息系统不受到非法访问、数据泄露或者其他网络威胁的干扰。此外，这一系统还应支持移动访问，以满足移动办公和应急响应的需要。在明晰各社会公共安全多元协同治理机构的责任和义务方面，必须清楚界定各机构在社会安全治理中应承担的角色。每一个参与机构都应从大局出发，不仅仅局限于履行自身职能内的职责，而是要担负起全局的社会安全责任。避免局限于部门利益和政绩考核，需要形成一个互帮互助、密切配合的工作氛围。为此，不仅要保证各个参与主体之间保持定期的信息沟通，还要维护良好的合作关系。这需要政府成立专门的机构或部门，来组织和监督各个参与主体之间的信息对接和交流工作。这样的部门不仅要具备强大的信息整合、分析和发布能力，还应具备调节和解决各方在信息分享过程中可能出现的分歧和矛盾的能力。常态化的信息沟通机制还应定期举行工作会议、研讨会或者培训班，以促进实操经验的交流，提高各机构在社会安全治理方面的专业技能和应对水平。同时，通过信息系统和会议机制可以进一步加强各参与主体之间的信任和了解，为深化合作奠定基础。这种沟通和协作机制的建立，并非一蹴而就，它需要时间和所有参与方的共同努力，通过不懈的工作和相互支持，不断提高沟通效率和处理质量。在这一过程中，公众的参与同样不可或缺，政府应通过公开透明的信息共享，鼓励公民积极参与到社会安全治理中来，反馈问题、提出建议，成为社会治理的重要力量。整体而言，各方的共同努力和协同配合，将建立起一个安全、稳定、和谐的社会秩序，形成一种全社会共同维护安全稳定的良好局面，最终确保社会和人民的根本利益。通过持续的信息沟通和主体间的有效合作，可持续强化我国社会安全多元协同治理体系，为构建和谐社会做出贡献。

社会安全的多元协同治理不仅仅局限于社会公共安全治理体系，还涉及其他领域的协同合作。这需要政府机构、职能部门、行业机构、社会组织等各方共同参与，形成全社会共治的态势。为了推动社会安全多元协同治理的有效实施，需要确保各参与主体在政策导向下的合作与协调。以下是一些关键步骤和措施：

1. 加强内部监督管理

构建有效的监督体系是确保监督管理落到实处的关键。这一体系包括但不限于审计、评价、考核和信访举报等多种监督手段。借助于这些监督手段，不仅能及时发现和纠正问题，还可以借此评价各职能部门的工作表现和管理效率。与此同时，明确责任和实行问责机制对于推动内部监督管理具有不可估量的作用。制定明确的责任体系，并对违规违纪行为采取严格的问责措施，可以使职能部门及其人员明确自己的行为后果，形成自律和他律相结合的监管氛围。进一步地，运用现代科技手段对内部监督管理进行优化。比如，实施电子政务系统、设立监督平台、采用大数据分析等方法，用科技提高监督效率与准确度。通过高科技手段，能够集中管理信息、自动化监测异常行为、提供决策支持，进而提升监管能力。不仅如此，公开接受社会各界的监督也是加强内部监督管理不可忽视的一环。通过建立反馈机制，及时响应社会关切，可以充分利用社会监督资源，形成外部监督与内部监管相结合的全方位监督体系。最后，持续完善监督管理制度。内部监督管理不是一成不变的，而是一个动态调整和不断优化的过程。随着社会发展和科技进步，新的监管要求、技术和手段将会不断涌现，这就要求行政机构不断更新管理理念和方法，持续提高监督管理水平。综上所述，加强内部监督管理需要多方面、多层级的综合努力。通过法规制度建设、人员素质提升、监督体系构建、责任明确与问责实施，以及现代科技的应用和社会监督的融合等措施的实施，可以确保行政机构内部管理的效率和正义，为公共治理贡献力量。

2. 信息数据交换和分析研究

在数据收集和交换完成之后，进行数据分析研究是下一重要步骤。这涉及使用统计学方法、预测模型和趋势分析技术。分析结果可以揭示社会安全问题的复杂性，展现出各种安全隐患的相关性和发展态势。数据分析可以帮助明确问题的根源。例如，犯罪数据的分析可能揭示出某些区域犯罪率上升的原因，交通事故记录的研究可能指出特定路段的设计缺陷。通过这些分析，可以为政策制定提供科学的支撑。这种基于数据的决策更加客观和具有针对性，能够有效降低政策失误的风险，并提高治理效率。不可忽视的是，定期回顾和评估政策的效果同样需要数据支持。已实施政策的影响可以通过对新数据进行分析来评估。如果发现目标没有达到，或者出现了新的问题，政策可能需要相应调整。信息的定期交换和分析还促进了参与主体间的合作关系。这种协作关系是多元协同治理的基石，它允许不同主体协同工作，共同应对复杂多变的社会安全挑战。整体上，信息数据的定期交换，以及随后的深入分析研究,为社会安全问题的理解和治理增添了强有力的工具。这种做法不仅为制定更加精准和有效的法规政策提供了基础,也促进了各参与主体间的沟通与协作。通过这些努力,社会治理的前瞻性、透明性和应对能力都将得到显著提升,为维护社会稳定和公共安全奠定坚实的基础。

3. 整体评估和应急措施

利用第三方独立机构进行评估可以提升评估的客观性和公正性。独立评估不仅增加了报告的信任度,也有利于指出实际问题,为后续措施提供依据。完成评估后,应将发现的问题和漏洞详细记录下来,并针对评估结果制定改进措施。这些措施可能包括加强执法队伍的培训、提升技术装备、修订不合时宜的法规等。每一项改进措施都应有明确的时间表和负责人。此外,预测社会安全的未来发展状况也是重要的一环。通过数据建模和趋势分析,可以预见到潜在的风险和挑战。预测结果将指导各主体更有前瞻性地准备应急和应对措施。

通过以上措施,政府和各参与主体可以共同努力,形成政府主导、各方参与的社会安全多元协同治理机制,以实现社会安全的整体提升和稳定维护。

二、驱动机制

社会安全多元协同治理机制是一种集合了政府、私人、组织、社区以及普通公民等力量的合作模型。该机制目的在于通过这些多样化主体的共同努力来提升整个社会的安全水平。在实践中,安全机构首先需要对当前的社会安全状况进行评估,了解治安问题的实际情况,确定治理目标和实施策略。安全机构在制定治安目标时,需将其整体战略与治理方案通报给社会各群体。这一过程要求所有的社会参与者能够从经济人的视角出发,即在追求个人或组织利益最大化的过程中,同时参与到社会公共安全服务的提供中。在推动这些方案实施过程中,监管和评估同样至关重要。政府应确保方案执行到位,并对提供者的表现进行跟踪监测。这不但有利于保障项目效果,还能为未来政策的制定和修正提供参考。要点还在于，政府和行政机构需要建立起开放的信息沟通渠道。这样做有助于增加透明度，公众可以了解到协同治理的进展情况，从而更容易获得公众的信任和支持。总而言之，社会安全的多元协同治理要求政府部门、社会组织、私人和普通公民的共同参与，通过制定有效的激励机制来引导他们实现既定的治安目标。竞争和创新机制的引入则可以激发社会各界提供更高效、更具创造力的安全服务。这种模式能够汇聚各方力量，共同打造一个更加稳定、安全的社会环境。

通过改善环境，可以从技术上降低违法犯罪率。环境的改造应该结合智能技术，比如在重点区域安装升级监控系统，利用大数据对辖区治安进行分析，搭建智能警务平台等，确保反应迅速及时。教育和矫正违法犯罪者也是不可忽视的一环。启动针对潜在犯罪者的教育计划，可能通过社会服务、心理疏导等方式，引导其做出合理的、有利于社会的决策。同时，提供职业技能培训和就业指导，帮助他们重返正轨。对于社会安全状况管理，定期评估是必不可少的。政府应该收集和分析相关数据，及时调整安全措施，保持防范策略的时效性。对于那些表现突出的区域，给予奖励和表彰，既是对当地政府和居民努力的肯定，也起到激励作用，促进其他区域的人们学习和效仿。在安全管理的过程中，公民参与是提升治安质量的关键因素。政府可以通过社区会议、热线电话、网络平台等多种途径收集居民意见和建议。让居民参与社区的安全治理，使他们成为治安维护的积极分子。信息共享同样重要，政府可以建立一个信息共享平台，以便居民、企业和社会组织可以访问到社区的安全情况、警务更新和防范提示。这种透明度有助于构建相互信任和支持的社区氛围。总而言之，政府在社会安全治理上的努力需要全方位的布局。从重点关注多发地区的安全状态、提高居民的安全意识，到改善环境、提高治安水平，乃至通过奖励激励各区域的安全治理，共同为提升社会安全而努力。如此一来，能确保将社会安全危机事件对居民生活的影响降至最低，让大家生活在更加安全、和谐的社区环境中。

通过广泛的居民参与，可以使安全信息更加透明，公众安全意识不断提升。接着，增强现有志愿者组织内部的安全管理与指导。围绕提高应急响应、安全监察、风险控制等方面的能力，实施系统性的安全专业培训。同时，建议设立安全官或顾问职位，为志愿者提供现场指导，确保其安全行动的规范性和有效性。另外，加强与警务机构间的沟通协作，通过建立定期联系和信息共享机制，使志愿者行动得到专业指导和法律支持。警务机构可以为志愿者制定明确的服务范围和行为准则，同时，快速响应志愿者提供的安全信息，保障其安全执行公共服务。同时，根据志愿者的表现，提供物质和精神上的激励。例如定期举办表彰大会，颁发荣誉证书或者奖品，对于奉献突出的志愿者予以公开赞扬，激发其持续参与的热情，同时吸引更多市民的参与。此外，建议利用新媒体平台进行宣传推广，如制作宣传视频、设立专题网站和社交媒体账号，分享志愿者的成功案例和安全知识，扩大宣传效果，利用网络效应带动更多人加入志愿服务。最后，考虑创立志愿者服务网络，整合社区资源，如居民家庭、企业、学校等，通过建立合作伙伴关系，实现资源共享和互惠互助，以网络化的辅助手段提升社会安全多元协同治理的实施效果。总体而言，政府、社区组织应密切配合，共同构筑起以志愿服务为核心的社会安全多元协同治理体系。通过广泛深入的志愿活动，不仅能有效提升公共安全水平，而且能在广大市民中培养起团结互助、共同护航社会安全的良好风尚。

　　社会志愿精神是现代社会文明的重要标志之一。志愿者在开展社会安全活动时的积极主动态度体现了社会的进步和发展。社会志愿精神的不足或缺失，有时候是由历史传统、经济文化发展程度和公共管理体制等因素共同导致的结果，这些因素广泛影响着志愿行为的兴起和持续。缺乏信任和凝聚力常常是阻碍志愿精神发展的主要障碍。没有信任，社会关系便容易疏远；没有凝聚力，集体行动便难以形成。然而，建立信任的过程不是一蹴而就的，需要长时间的积累和公共诚信体系的建立。同样，社会凝聚力的形成也需要全社会成员的共同努力和长期的文化培养。政府在提升社会志愿精神方面起着关键作用。比如，制定鼓励政策，为志愿服务活动提供资金支持，以及在税收、保险等方面给予优惠。同时，社会企业和私人机构的参与对于拓宽志愿活动的影响力同样重要。企业可以通过社会责任项目，支持志愿服务，或和志愿机构建立合作，提供资源和专业技能。在校园内，学校应该积极设立志愿服务相关课程，将志愿精神融入学生日常教育之中。这不仅能够培养学生的社会责任感，也能够为他们未来参与社会安全活动打下坚实的基础。总之，政府、企业、教育机构以及全体社会成员应携手共同推动社会志愿精神的发展。通过综合采取稳妥的政策、资金支持、专业培训、社会宣传等多种措施，激发社会各界对志愿活动的热情，进而促进社会的和谐稳定。

三、协调机制

社会安全多元协同治理是一种全面且综合性的策略，不仅仅是地方行政机构和组织的任务，也涉及市场经济中的企业、民营机构以及非政府组织等多种社会力量的参与。其根本目的是为了构建一个能够针对社会安全挑战有效应对的协调体系。在这一体系中，各方资源得到整合，形成一个充满活力和创造性的网络，利用这个网络的力量为社会安全保驾护航。政府在这一协同治理结构中不失为一个中枢神经，通过引导和协调，确保安全治理工作的方向与目标符合整个社会的利益与需求。政府不只是一个监管者，更是协调者和促进者，在筹划安全措施与实施过程中，发挥着不可替代的角色。通过定期组织联合会议，政府促使各个参与主体聚到一起，共同审视社会安全状况，并对出现的问题展开深入分析。会议的形式多种多样，既有常规的汇报交流，也有专题研讨，允许不同的利益相关方提出自己的见解和预案。在这些会议中，主要参与者来自各行各业，他们或代表政府部门、或代表企业界、或是社会组织的代表，每一个声音都是这个治理体系完善发展的依据。会议的议题围绕当前社会安全中的热点问题展开，如公共安全、网络安全、食品药品安全等，每一项议题都是广泛影响和关注的焦点。在探讨的过程中，政府和各参与主体不仅分享信息，还要分析原因，找到解决问题的关键点，共

第三章 社会公共安全多元协同治理的结构与机制

同商议出一套行之有效的方案。在讨论过程中,参与者需要畅所欲言,充分展现出合作精神。例如,企业界的代表可以通过分享最新的技术进展和市场动态,帮助治理体系把握科技对社会安全的影响;民间组织也可以通过其深入基层的优势,为问题提供来自一线的真实数据和个案分析。通过这种方式,可以确保治理策略的多元性和实用性。会议中的协调工作也包括分工与责任分配,确保每个参与主体都清晰了解自己的职责和在治理体系中的角色。为了提高治理效率,也会讨论制定一些操作性强的合作机制,如信息共享平台建设、定期进度汇报、治理成效评估等。这些机制有助于提升治理透明度,促进各方之间的信任与相互理解。

实现真正有效的社会安全多元协同治理不仅需要信息共享,还需要建立起一套科学和规范的工作机制与标准。这不只意味着程序上的合规,还需要参与主体在思想和行动上达成共识,有序地开展治理活动。首先,科学的工作机制要求参与者明确自身的职责和权限。政府作为主导单位,确立政策导向,提供资源支持,并在必要时作出干预。而企业、民间组织等非政府实体则要在自己的领域内占据主动,实施有效的安全措施,并向社会公众提供透明的信息。这样,每个主体都能在明确的框架下行动,充分发挥自己的力量。同时,监督和评估机制对于保证协同治理的效果至关重要。通过定期的评估报告、不定期的审计检查和社会公众的反馈,可以及时发现问题,防止责任推诿和效率低下。评估机制也应当公正、透明,确保各方面都接受监督,并愿意积极改正不足。在协同治理的具体操作中,联合会议是一个重要的平台。在这样的场合中,不同的参与主体汇聚一堂,就最新的安全问题进行深入分析,并就相关的治理方案进行讨论。这种定期的交流有利于及时捕捉和反映社会安全动态,同时促进政策制定的科学性和适应性。此种讨论不应仅停留在表面,而需深入到具体的策略和计划之中。参与者需要拿出具体的提案,明确实施步骤和时间表,并为之担当责任。这样,才能转化成实际的治理行动。

在推动社会安全多元协同治理的过程中,区域性社会安全信息系统的建立起着至关重要的作用。为确保系统的高效运行，必须确保各种信息资源的整合。此类系统将成为社会安全工作的重要工具，从区域地理制图到社会安全事件记录，它将帮助各个主体迅速接触到必要的信息。推动系统对外开放，让所有社会安全工作的参与者都能接入平台。他们可以在系统中获得及时更新的区域安全信息，无论是政府机关的最新政策，还是民间组织的安全预防手册，或者是私营企业的技术支持方案。每个参与者都可以通过系统提出自己的建议和意见，实现信息的共享和问题的快速解决。同时，平台上的讨论功能促进了思想的碰撞和经验的分享，各个主体可以在此讨论成功的案例、分析失败的原因，促进了对社会安全问题更加深入的理解。

社会安全多元协同治理离不开国家治理体系和治理能力现代化。这需要各参与主体共同思考和实践，提高社会安全治理的科学性、规范性和效率性，应用先进的信息技术和管理方法，优化社会安全多元协同治理的运行模式，提升治理能力和水平，创新社会安全治理体系和治理模式，推进全社会共同参与、共建、共享的社会安全治理格局，实现社会安全和谐稳定发展的目标。

第四章　社会公共安全多元协同治理的现实挑战

社会公民最核心的安全需求就是生产生活的安全、和谐和稳定。一个区域的社会秩序和稳定很大程度上取决于社会公共安全治理的有效性。我国社会安全管理体系经过多年的沉淀与积累，形成了以社会综合治理为目标的社会公共安全多元协同治理模式。这种模式在很长的时间里为维护社会和谐稳定发挥了重要作用。然而，从社会公共安全多元协同治理的角度来看，这一模式仍存在许多不足之处。我国社会结构的转型推动社会风险因素不断变化。市场经济的发展使得各方群体更加追求自身利益的最大化，社会同质化概念逐渐被淡化，而异质化观念逐渐明显。同时，社会民众的诉求也呈现出多元化的特点，公民的民主法治意识逐渐增强，社会更加关注公平与正义。这些因素叠加在一起，对我国当前的社会公共安全多元协同治理系统构成了巨大挑战。目前，我国社会公共安全的危害源头来自很多领域，比如金融风险、生态环境风险、网络信息风险、社会治安风险等。因此，我们需要加强社会公共安全多元协同治理，逐渐消除这些危害源头。

以往我国的社会公共安全多元协同治理主要是由党和政府来提供和主导的，这属于国家治理模式的范畴。在这种治理模式下，国家和政府扮演了非常重要的角色，是社会公共安全多元协同治理的主要推动者和实施者。在很长一段时间内，我国的社会公共安全多元协同治理都是由党和政府牵头，协调各职能部门机构来提供的。然而，随着公民参与政治生活的深度、广度和方式越来越扩大和多元以及市场经济的发展，仅仅依靠国家主导的社会公共安全多元协同治理所能发挥的作用开始受到限制，呈现出明显的局限性。

我国建立了以"综合整治"为核心，辅以"协同配合"的多元化社会治理体制。现代化警察体制下，警察队伍不断扩充并细分为各专业领域，如交通、禁毒、网络安全、反恐等，整体素质显著提升。面对社会安全形势的变化和信息化挑战，公安机关的动态化、信息化应对能力受到关注。警察之间通过个体优化、组队提升、跨地区协作、国际合作等方式协同工作，构成社会治理的关键部分。这些措施经实践证明有效遏制非法活动，处理社会冲突，确保了社会安全的稳定。但是，站在协作论的角度看，目前中国在推动社会公共安全协同治理的过程中仍面临着诸多阻碍。

一、制度不完善而带来的矛盾和分歧

（一）法律法规的滞后性

法律法规的滞后性是制度不完善的一个显著表现，这一问题在公共安全多元协同治理中尤为突出。随着社会的快速发展和技术的不断进步，现行的法律法规常常未能及时更新和调整，以适应新兴的公共安全挑战。这种滞后性不仅使法律法规在实际应用中显得捉襟见肘，还导致其在应对新出现的公共安全问题时显得力不从心。

1. 立法滞后性首先体现在新兴安全领域上

社会的快速发展带来了多层次、宽领域的复杂问题。例如，随着城市化进程的加快，城市人口密度增加，交通、环境、公共卫生等问题愈发复杂化。法律法规若未能及时更新，就难以提供有效的指导和约束，导致治理过程中政策实施的滞后和执行的混乱。此外，技术的迅猛发展尤其是信息技术的进步,催生了许多新的安全挑战。以网络安全为例,互联网技术的普及极大地改变了人们的生活方式,同时也带来了新的安全隐患。网络攻击、信息窃取、虚假信息传播等问题层出不穷,而现有法律法规在应对这些问题时显得捉襟见肘。由于法律条款的滞后和不完善,执法机构在处理网络安全事件时缺乏明确的法律依据,甚至在某些情况下,执法者和被监管者对法律的理解产生分歧,进一步加剧了公共安全治理的矛盾。

2. 立法的滞后性还体现在传统安全领域的上

以环境保护为例,虽然环境问题早已引起广泛关注,但法律法规的更新速度和执行力度仍然不足。许多地方的环保法律法规未能及时更新以应对新型污染物和复杂的生态环境问题,导致地方政府和企业在环境治理中缺乏明确的法律指导,执行标准不一,治理效果不佳。在这种情况下,各主体在治理过程中对法律的理解和执行可能出现偏差。例如,企业可能出于自身利益考虑,对法律条款进行选择性执行,而政府部门由于法律依据不足,往往在监管过程中面临困境。在这种情况下,法律法规未能发挥其应有的指导和约束作用,导致治理过程中矛盾的产生和加剧。

3. 立法的滞后性还可能削弱法律的权威性

随着信息的广泛传播,公众对法律法规的期待和要求越来越高,若法律法规不能及时更新以回应社会关切,可能导致公众对法律体系的信任下降。这种信任的缺失不仅影响了公共安全治理的效果,也可能引发更广泛的社会不满和矛盾。这种滞后性使得法律法规难以有效应对新出现的公共安全问题,导致治理过程中各主体对法律的理解和执行出现偏差,进而引发矛盾。

(二) 政策协调机制的缺失

政策协调机制的缺失是制度不完善的一个重要表现,这一问题在公共安全治理中尤为突出。公共安全治理涉及多个政府部门、企业、社会组织和公众等多元主体的参与和协作。然而,现有的政策协调机制往往不够健全,导致各主体在政策执行过程中出现冲突和摩擦。这种缺乏协调的状态不仅削弱了政策的执行效果，还可能导致资源的浪费和治理效率的降低。

1. 在公共安全治理中，各主体的职能和责任往往交叉重叠

由于缺乏有效的政策协调机制，不同部门之间的沟通和协作常常不畅。各部门在政策执行过程中各自为政，缺乏整体观念和协同意识，导致政策执行的碎片化。例如，在应对自然灾害时，政府部门、救援组织和社区之间的协调不力可能导致资源的浪费和救援效率的降低。政府部门可能在资源调配和信息发布上存在滞后，救援组织和社区则可能因缺乏及时的信息和资源支持而无法有效开展救援工作。尽管各主体都参与到了公共安全治理中，但由于缺乏协调，整体效果大打折扣。

政策协调机制的缺失不仅体现在自然灾害应对上，还广泛存在于其他公共安全事件的处理中。例如，在传染病防控中，卫生部门、交通部门、教育部门等多个部门需要协同合作，但由于缺乏有效的协调机制，各部门在信息共享、资源调配和措施落实等方面往往存在脱节现象。在交通安全治理中，交通管理部门、公安部门和城市规划部门之间的协调不足，导致交通安全政策的实施效果不佳，交通事故频发。这些问题都反映了政策协调机制缺失对公共安全治理的负面影响。

2. 政策协调机制的缺失还可能导致各主体之间的矛盾和冲突加剧

在多元协同治理中，各主体的利益和目标可能存在差异，若缺乏有效的协调机制，各主体之间的矛盾和冲突可能进一步激化。例如，企业在追求经济利益的同时，可能忽视公共安全责任，而政府部门在监管过程中，若缺乏协调机制，可能导致监管不力或过度干预，引发企业的不满和抵触。这种情况下，各主体之间的矛盾不仅影响了公共安全治理的效果，也可能对社会稳定构成威胁。

3. 政策协调机制的缺失还可能导致政策执行的重复和浪费

在缺乏协调机制的情况下，各部门可能在政策执行过程中重复投入资源，

导致资源的浪费和效率的降低。例如,在公共安全宣传和教育方面,不同部门可能各自为政,缺乏统一的规划和协调,导致资源的重复投入。这种情况下,尽管投入了大量资源,但由于缺乏协调,整体效果并不理想。

综上所述,政策协调机制的缺失在公共安全多元协同治理中引发了诸多问题。这种缺失导致各主体在政策执行过程中出现冲突和摩擦,削弱了政策的执行效果,导致资源的浪费和治理效率的降低。要解决这一问题,需要在政策制定和执行过程中,建立健全的协调机制,确保各主体之间的有效沟通和协作,以提高公共安全治理的整体效能。

(三) 责任分配不明确

责任分配不明确是制度不完善导致矛盾和分歧的另一个重要因素。首先,在多元协同治理中,各主体的角色和责任往往不够清晰,加剧了推诿现象。尤其是在公共安全事件发生时,各主体之间常常因为责任不明确而相互指责,影响了事件的快速响应和处理。例如,在食品安全事件中,政府监管部门、生产企业和销售商之间的责任界限不清,导致问题出现时各方互相推诿,延误了问题的解决。这种责任分配不明确不仅影响了治理的效率,也损害了公众对公共安全治理体系的信任。其次,责任不明确还可能导致各主体之间的相互指责和冲突。在公共安全事件发生时,各主体之间常常因为责任不明确而相互指责,影响了事件的快速响应和处理。例如,在自然灾害发生时,政府部门、救援组织和社区之间如果没有明确的责任分配,可能会因为资源调配不当而导致救援工作的延误和混乱。最后,责任不明确还可能损害公众对治理体系的信任。当责任不明确导致问题解决不力时,公众对治理体系的信任就会受到损害。尤其是在涉及公众安全和健康的事件中,责任不明确往往会引发公众的不满和质疑,进而影响社会的稳定与和谐。

为了提高公共安全多元协同治理的效率和效果,增强公众对公共安全多元协同治理体系的信任,有必要在制度设计中进一步明确各主体的责任和权限,确保在问题出现时能够迅速有效地进行处理。只有这样,才能实现真正意义上的多元协同治理，维护社会的稳定与和谐。

二、因执法权益而引发的行为越轨

在组织架构的发展中，存在一个现象，即"过度膨胀"，组织可能出于行业或部门利益而非基于社会服务需要而扩张。随着官僚体系的扩大，可能产生诸如协调困难、配合不当、效率低下等问题，这些问题可能对社会公共安全治理影响造成影响。在公共安全的治理方面，如果一方占有更多资源，可能会借助其在经济支持、决策层面和公众影响力方面的优势来主导顶层设计和优先占有高质量资源，这可能导致资源的不公平分配。这本质上是一场博弈。反之，如果合作双方实力相当，则可能出现权力重叠和责任推诿的问题，合作意愿和效率受损。根据"委托—代理"理论，合作顺利进行需要当事方舍弃部分权益或主动提供优势资源，否则合作难以高效推进。而"公共决策"理论视合作主体为追求最大化利益的"经济人"，这样的主体往往不愿在特定行业或地区增投资，也不倾向于公开相关信息，因为透露行业资料可能会将自己的弱点暴露给竞争对手，与追求最大利益的目标相悖。这些理论反映了组织在扩张和合作时可能面临的复杂性，包括资源分配不当、合作障碍，以及涉及利己行为可能导致的短视决策。组织和决策者需要寻求平衡利益，推动更加高效合理的合作机制，以利于实现长远和广泛的社会安全利益。

社会安全作为一项关键的公共物品，其特点是抽象性、不可预见性和动态性，这些特性塑造了公共安全治理工作的方向。与此同时，安全保障在各行各业中的高投资价值与外部联动性使得安保措施更易于产生广泛影响，对社会稳定性和公共秩序维护起到了至关重要的作用。然而，如果单纯依靠"维稳"思路的长期规划，缺乏对社会和公众需求的适应性顶层设计，则很容易导致部门间缺乏协同，造成横向合作和纵向指导复杂化。建立高效合作机制、强化综合治理策略对于改善现状意义重大。在紧急情况发生时，安保

第四章　社会公共安全多元协同治理的现实挑战

合作主要用于处理突发事务和维护治安,但往往忽略了应急响应对常态安保资源的影响。大量安保力量投入应对紧急情况,可能导致常规安全力量的短缺,影响常态安保工作的持续进行。此外,临时的安保力量汇集处理完危机事件后各自返回,这种"一锅端"的做法并没有形成可持续的安保力量储备,安保资源的快速聚散限制了对长远安保的有效规划。在"常态"与"非常态"安保需求中寻找平衡点是保护社会与公众安全的重要策略。这不仅要求即时应对紧急情况,更需要建立起一套能及时响应并能顺畅过渡到平时状态的安保系统。这样的系统需要综合考虑地区特性、资源分配、多元利益主体的需求等因素,形成具有灵活性和适应性的社会安保体系,能在不同情况下提供恰当的安保服务。此外,社会公共安保的持续性也是至关重要的。缺乏对长远的安保规划和策略保障可能会埋下安全隐患,导致安保危机的产生或复发。

治安管理和社会安全保障的工作之所以复杂,部分原因在于违法犯罪行为以及其他社会不稳定因素具有明显的动态特性。这些不稳定因素并非静止不变,它们随着时间推移和各项社会条件的变化而演变,有时甚至会在不同地区间传播或扩散。政府如果仅仅将注意力集中在维护本地的秩序,而忽略了实质性的、整体性的安全措施,就有可能不经意间助长了不稳定因素向周边地区的转移。这样的做法相当于将问题从一个地方推向了另一个地方,并没有从根本上解决问题,而是制造了更大范围的安全隐患。此外,由于每个地区的安保资源在人力和物力上都是有限的,因此在面临突发性违法犯罪高发或其他紧急情况时,短时间内很难从其他地区调集足够的安保力量来应对。这就使得当地安全系统面临巨大压力,有可能在忙于应急响应和资源重组的过程中,错过了阻止不稳定因素渗透和扩散的最佳时机。如果当地的安保系统因缺乏有效的信息监测和威胁评估机制,无法迅速识别和响应社会不稳定因素,那么周边地区的治安状况可能急剧恶化。治安状况的持续恶化不仅影响当地社区的日常生活安全和社会稳定,还可能导致犯罪活动和不安全因素的进一步上升,形成一个恶性循环。

三、信息沟通、传达受阻而导致的决策失误

随着全球信息化的不断深入,公共安全多元协同治理的复杂性和挑战性也在不断增加。信息已经成为一种关键资源,对维护公共安全的作用日益凸显。然而,以往的信息沟通传达受阻而导致决策失误的问题依然存在,这对公共安全多元协同治理提出了更高的要求和更大的挑战。

信息技术的快速发展和普及使得信息的获取、处理和传递变得更加高效和便捷。信息化不仅改变了人们的生活方式,也深刻影响了公共安全治理的方式。信息作为一种重要的战略资源,在公共安全领域的应用越来越广泛,涵盖了从预警、监测、应急响应到事后恢复等各个环节。通过有效的信息共享和沟通,公共安全治理者可以更准确地掌握情况,做出及时、有效的决策。然而,信息化也带来了新的挑战,尤其是在信息沟通传达过程中,由于技术、体制或人为因素导致信息传递不畅,甚至出现误传、漏传的情况,进而影响决策的准确性和有效性。

公共安全治理的复杂性主要体现在以下几个层面:

(一)现代社会的风险因素呈现出多样性和复杂性

这使得公共安全治理面临前所未有的挑战。自然灾害、恐怖袭击、流行病、网络攻击等威胁无处不在,且其发生的频率和影响范围不断扩大。这些风险因素不仅具有突发性和不可预测性,还常常伴随着连锁反应,导致更为复杂的危机局面。因此,公共安全治理要求治理主体具备快速反应和综合研判的能力,以便在危机发生时能够迅速做出反应,最大限度地减少损失。

快速反应能力要求公共安全治理体系能够在最短的时间内动员资源、协调各方力量进行应对。这不仅需要完善的应急预案和高效的指挥调度系统,还需要各级政府和相关部门具备良好的应急响应能力和丰富的实战经验。综合研判能力则要求对风险因素进行全面、深入的分析和评估,准确判断其发

展趋势和可能带来的影响。这需要依托先进的信息技术手段，如大数据分析、人工智能等，对海量信息进行处理和挖掘，从中提取有价值的信息，为决策提供科学依据。

公共安全治理的复杂性还体现在其涉及的多方主体和多领域合作上。政府、企业、非政府组织、社区等各方主体在公共安全治理中扮演着不同的角色，承担着不同的责任。政府作为公共安全治理的主导力量，负责制定政策、协调资源、组织实施等；企业则在技术支持、物资供应等方面发挥重要作用；非政府组织和社区则在信息传播、志愿服务等方面提供支持。然而，信息沟通的障碍往往导致各部门之间的协调不力，影响整体应对效率。信息沟通不畅可能源于多方面的原因，如技术限制、体制障碍、信息孤岛等。在技术层面，信息系统的兼容性和互操作性不足，导致信息无法在不同系统之间顺畅传递。在体制层面，各部门之间缺乏有效的沟通渠道和协作机制，导致信息传递不及时、不准确。此外，信息孤岛现象普遍存在，部门之间各自为政，信息资源无法共享，影响了整体应对效率。

信息沟通障碍的存在不仅影响了公共安全治理的效率，也可能导致严重的后果。在突发事件中，信息传递不及时或不准确，可能导致决策者无法全面掌握情况，做出错误的判断和决策，进而影响事件的处置效果。这不仅造成了资源的浪费，也可能导致更严重的后果。因此，建立一个高效的信息沟通和共享机制，确保信息的及时、准确传递，是提高公共安全治理能力的关键。

（二）信息化在公共安全治理中的重要性已成为不争的事实

随着信息技术的迅猛发展，信息化手段在公共安全领域的应用日益广泛，成为提升治理能力和效率的重要工具。首先，信息化显著提高了风险预测和预警能力。通过大数据分析、人工智能等先进技术，可以对海量的历史数据进行深入分析和挖掘，从中识别出潜在的风险因素和发展趋势。这种能力使得公共安全治理主体能够在风险尚未显现之前就采取预防措施，从而有效降低风险发生的概率和可能造成的损失。

1. 大数据分析技术

大数据分析技术可以对历史事件数据、环境数据、社会经济数据等多源数据进行综合分析，能够识风险产生的规律和模式。例如，通过对气象数据和历史灾害数据的分析，可以预测自然灾害的发生概率和影响范围；通过对社会治安数据的分析，可以识别出犯罪高发区域和潜在的安全隐患。人工智能技术则通过机器学习算法，对数据进行自动化处理和分析，能够在短时间内提供高精度的预测结果。这些技术手段为公共安全治理提供了科学的决策依据，使得风险预测和预警更加精准和高效。

2. 信息化极大地提升了应急响应的效率

在突发事件发生时，信息化系统能够实现对现场情况的实时监测和反馈，为决策者提供及时、准确的信息支持。通过物联网技术，各类传感器可以实时采集现场数据，如温度、湿度、烟雾浓度、人员流动情况等，并通过无线网络传输到指挥中心。指挥中心的决策者可以通过信息化平台实时查看现场情况，快速了解事态发展，制定和调整应对策略。这种实时监测和反馈机制大大缩短了信息传递的时间，提高了应急响应的速度和效率。

3. 信息化还增强了事后恢复和评估的能力

在突发事件结束后，信息化系统可以对事件全过程进行详细记录和分析，总结经验教训，为未来的公共安全治理提供参考。通过对事件数据的分析，可以识别出应急响应中的不足之处和改进空间，为优化应急预案和提升应急能力提供依据。同时，信息化系统还可以对恢复过程进行监测和评估，确保恢复工作的顺利进行和资源的合理配置。

4. 信息化在公共安全治理中的应用不仅体现在技术层面，还涉及到体制机制的创新

信息化要求公共安全治理体系具备良好的信息共享和协作机制，以实现

各部门、各领域之间的信息互联互通和资源整合。这需要建立统一的信息平台，打破信息孤岛，实现信息的高效流动和共享。同时，信息化还要求公共安全治理主体具备良好的信息素养和技术能力，以适应信息化环境下的工作要求。

（三）公共安全治理中的信息化挑战

1. 信息安全问题成为信息化应用中的首要挑战

随着信息技术的广泛应用，信息安全威胁呈现出多样化和复杂化的趋势。网络攻击、数据泄露、恶意软件等安全事件频繁发生，对公共安全信息系统的安全性构成了严峻考验。网络攻击者可能通过各种手段入侵信息系统，窃取、篡改或破坏重要数据，导致信息系统瘫痪或信息泄露。这不仅会对公共安全治理造成直接影响，还可能引发更为严重的社会问题。因此，确保信息系统的安全性成为信息化应用中的重中之重。为应对信息安全威胁，公共安全信息系统需要建立健全的安全防护机制，包括网络安全防护、数据加密、访问控制等多层次的安全措施。同时，还需要加强信息安全意识教育，提高相关人员的信息安全素养，增强其防范意识和应对能力。此外，信息安全技术的不断发展也要求我们及时更新和升级安全防护措施，以应对不断变化的安全威胁。

2. 信息的准确性和可靠性问题也是信息化应用中的重要挑战

在信息传播过程中，信息可能会因为各种原因而出现失真、误传等情况。这不仅会影响决策的准确性，还可能导致错误的判断和行动，进而影响公共安全治理的效果。因此，建立健全的信息审核和验证机制，以确保信息的真实性和准确性，是信息化应用中的重要任务。

3. 信息化在公共安全治理中的应用还面临技术和体制的双重挑战

一方面，信息技术的快速迭代更新要求公共安全治理者不断学习和适应新的技术手段。信息技术的发展速度之快，更新换代之频繁，使得公共安全治理主体必须具备较强的学习能力和技术适应能力，以便及时掌握和应用新的技术手段，提高公共安全治理的效率和水平；另一方面，传统的管理体制和机制可能无法适应信息化的要求，需要进行相应的改革和创新。信息化要求公共安全治理体系具备良好的信息共享和协作机制，以实现各部门、各领域之间的信息互联互通和资源整合。然而，传统的管理体制往往存在信息孤岛、部门壁垒等问题，影响了信息的流动和共享。因此，推进管理体制和机制的改革，打破信息孤岛，实现信息的高效流动和共享，是信息化应用中的重要任务。

总之，信息化在公共安全治理中的应用面临诸多挑战，但这些挑战也为我们提供了改进和提升的机会。通过不断完善信息安全防护措施，建立健全的信息审核和验证机制，推进管理体制和机制的改革，可以有效应对信息化应用中的挑战，提高公共安全治理的效率和水平，确保社会的安全与稳定。信息化不仅是技术手段的应用，更是治理理念和模式的创新，为公共安全治理提供了新的思路和方法。

在进行警务建设时，各省级行政单位和地方部门考虑到本土的独特需求和特色，在设计和推进警务平台时，都有各自的侧重点。地方化的警务建设对于解决本土问题无疑具有优势，能够更好地满足区域内公民的安全需求，并促进该地区治安工作的有效开展。然而，从国家层面看，不同地区和部门按照自己的标准构建数据平台，会对全国范围内的统一治理和管理带来挑战。信息系统的不兼容在很多情况下会让数据整合变得困难，不仅影响治安决策的及时性，也减少了信息在国家层面资源共享与合作的效能。当地区间或部门间的合作发生时，数据对接的不畅通和信息共享的困难往往造成工作效率的低下。例如，在进行危险评估时，需要丰富且准确的信息作为分析基础，一旦传递的信息存在延误或失真，就可能影响评估的全面性与科学性，导致治安管理的缺陷。目前，我国的公共安全信息管理在很大程度上依赖于公安部门，而这就意味着大量警务信息和数据库的更新工作压在了警察的肩上。

第四章 社会公共安全多元协同治理的现实挑战

由于资料收集繁多，解析与研究工作繁重，且整理资料需要大量人力物力，给公安工作人员带来了沉重的压力，并对公安机关的运转造成负担。同时，由于警方信息平台的高保密性，其他政府部门和社会组织很难接触到一手的、关键的治安资料。这就限制了诸如民政、教育、交通等其他政府部门参与社会治理的能力。

在公共安全治理体系中，准确的信息是做出正确决策的基础。若缺乏实用的内部资料，公共机关和社会组织只能依赖表面或过时的信息，难以作出全面而有效的分析，也无法对治安风险做出准确的早期预警。这种情形可能导致错误的风险评估，反而增加了社会安全的隐患。另一方面，当前社会治理需要强调"协作"精神，这与传统的科层体制存在巨大差异。"协作"注重多方平等、互相尊重和信任，更重视灵活性和多样性，目的是达成高效的共同目标。而传统体制往往以等级划分为主，强调稳定性和秩序性，可能会忽视低级别机构的意见和需求。在社会治安管理中，保安工作特别需要稳定性和规范性。然而，过于死板的制度有时会阻碍灵活高效的工作开展。社会安全的相互协作不仅仅需要各部门、各级别的通力合作，更需要参与方秉持开放的态度来共商大计，交流见解，最终通过协商达成广泛共识。由于政府机构长期形成的科层文化，可能会阻碍不同部门之间的协作。官僚作风可能导致合作环境产生负面影响，使得沟通交流变得困难，限制了信息的流动和方案的多元化提出。要有效地转换这种合作方式，政府机构需要改变原有的工作模式，建立更加开放、共享的协作文化。在此背景下，推进跨部门间的信息共享尤为重要。实现内部信息的共享可以通过建立统一的数据平台和标准，促进各个部门间信息的互通有无。这些信息不仅要全面，还要有时效，确保所有参与公共安全治理的机构能够获取到最新的数据和分析结果。同时，为了提高协作的效率和质量，需要各方放下等级观念，实行更加平等的交流。每个部门都要充分发挥公民参与的精神，积极为社会安全治理贡献智慧和力量。为鼓励不同观点的充分表达，需要提供平等的讨论环境，进行定期的会议和研讨，由此促进不同方案的诞生。进一步来说，政府在领导合作项目时，应更注重公正和透明性，避免默认权力层级造成的决策局限，使得每个部门都能有足够的参与感和认同感。同时，公共安全治理还应把目光投向民间力量，利用非政府组织、企业和志愿者的参与，从而充实社会安全治理的深度和广度。在整个改革进程中，监管和评估机制也同样不可或缺。政府机构应建立完善的监督体系来检视每个部门的工作效率和协作程度，及时发现问题并积极寻求解决方案。通过定期的自查自纠，不断完善协作模式，确保公共安全治理有序进行。总之，建立和谐的协作环境、转变传统官僚文化、促进多方平等参与是筑牢社会安全网的关键步骤。通过改革和创新协作方式，可以更好地应对社会安全领域中各种复杂多变的挑战。

多方合作的成败往往取决于参与各方能否超越个体利益，将目光投向更加广阔的公共领域。在社会治理尤其是公共安全治理的场景中，每个单位、每个部门都应着眼于集体的福祉，以整体的利益为行动准则。这种合作心态的转变意味着打破地方保护主义和区域壁垒。着眼于大局，促进跨地域、跨部门间的协调与互助。如此，不仅能提升公共服务的质量，还能有效应对跨区域的治安问题。目前，我国的社会发展仍有许多场合受到文化的局限，对内部利益的过度关注常常导致忽视公共利益的情况。这种"小格局"观念在一定程度上形成了文化障碍，妨碍了社会治理的前行步伐。此外，由于不同机构和部门有自己的利益需要维系，他们在保护自身利益时可能会形成相互博弈的局面。难以避免的利益争执和冲突直接影响到了对"全局"的风险评估和应对能力，使得安全治理成本增加、效率降低。要改变这一现状，首先需要从培育"大格局"观念入手。通过教育和政策引导，提升公众对于社会整体利益重要性的认识，树立以公众利益为中心的社会价值观。这要求形成一个全社会共同遵循的价值体系，将个体利益纳入整个社区、整个国家的利益中去理解，将每个人的福利紧密联系起来。其次，构建更开放和透明的治理结构。通过建立跨部门门协调机制，加强信息共享，促进数据互联互通，为治安问题的及时识别与解决提供基础。政府及相关部门在协作中，应更多地依靠科学的方法和全面的数据分析来做出判断，避免简单的利益算计和直觉判断。在实践中，可以通过设立跨机构协作组、举行联合会议、开展联合培训等活动，强调团队精神和整体协同，减少单一部门自行其是的情况。这样的协作平台能够为不同利益相关者提供一个沟通交流和磋商的舞台，有助于寻找平衡点和最优解决方案。同时，应提倡利益的合理分配与共享，创建互助共赢的氛围。当各方充分认识到久远和广泛的共同利益时，短期和局部的利益将自然退居次位，避免因保护狭隘的自身利益而对整体造成损失。在管理层面，对决策制定人员进行综合风险管理和决策培训，增强他们的风险意识和全局观念，提升对复杂情况下做出明智判断的能力。最后，通过立法和监管手段保障多方协作的正义与公平，防止利益集团干预公共政策形成。同时，加强对执行过程的评估与监控，确保实施效果与预期目标相一致。综上所述，通过以上措施，我们旨在构建一个更加和谐、更加有效的多方合作社会治理模式。这样的社会治理模式强调每个部门和单位以全局的安全和福祉为最终目标，以实现整个社会的长期稳定与繁荣。

四、社会组织体系的不健全影响了组织之间的协作

在现代社会，公共安全问题日益复杂化和多样化，单一的政府部门或组织难以独自应对这些挑战。因此，多元协同治理成为解决公共安全问题的重要策略。然而，社会组织体系的不健全对组织之间的协作产生了深远的影响，制约了多元协同治理的有效性。

（一）社会组织体系的不健全主要体现在其组织结构的缺陷上

许多社会组织在成立之初，往往缺乏明确的组织架构和职能分工，这种缺乏规划的现象在实际运作中会导致职责不清、权责不明的情况。这种组织结构上的缺陷不仅影响了组织内部的运作效率，还对组织之间的协作产生了负面影响。

首先，组织结构不健全会导致职责不清。在许多社会组织中，尤其是新

成立的组织，往往没有对职工进行明确的定岗定责。这种情况下，员工在工作中可能会遇到职责重叠或职责空白的问题。例如，在一个公益组织中，如果没有明确的分工，可能会出现多个部门同时负责同一项任务，导致资源浪费和效率低下。同时，某些重要的工作可能无人负责，导致工作进度的延误和质量的下降。

其次，权责不明是组织结构不健全的另一个表现。权责不明指的是在组织中，员工的权力和责任没有明确界定。这种情况会导致员工在工作中缺乏方向感。例如，在一个环保组织中，如果没有明确的权责划分，员工可能不知道自己在项目中的具体角色和任务，导致项目进展缓慢。此外，权责不明还可能导致员工在工作中推诿责任，出现问题时互相指责，影响团队的凝聚力和工作氛围。

组织结构不健全还会影响组织之间的协作。在现代社会，许多社会问题需要多个组织共同合作才能有效解决。然而，如果参与合作的组织内部结构不健全，缺乏明确的沟通渠道和合作机制，就会导致协作困难。例如，在一个跨国的救灾项目中，如果参与的各个组织没有明确的沟通机制和合作协议，可能会导致信息不对称，资源分配不合理，甚至出现重复劳动的现象。这不仅浪费了宝贵的资源，还可能延误救灾工作的进展，影响救灾效果。组织结构不健全还可能导致组织内部的决策效率低下。在一个组织中，决策的效率和质量直接影响到组织的运作和发展。如果组织结构不健全，决策流程不明确，可能会导致决策过程冗长，决策质量不高。例如，在一个教育组织中，如果没有明确的决策流程，可能会导致在制定教育计划时，意见不统一，决策迟迟无法达成，影响教育活动的开展。

为了更好地理解组织结构不健全对社会组织的影响，本书从以下几个方面进行分析：

1. 资源配置的低效

组织结构不健全会导致资源配置的低效。在一个组织中，资源包括人力、物力和财力等。如果组织结构不明确，资源的配置和使用就会出现问题。例如，在一个医疗组织中，如果没有明确的资源配置计划，可能会导致某些部门资源过剩，而另一些部门资源不足，影响整体的医疗服务质量。

2. 员工士气的低落

组织结构不健全还会影响员工的士气和工作积极性。在一个组织中，如果员工的职责和权力不明确，可能会导致员工在工作中感到迷茫和无所适从，进而影响工作积极性和效率。例如，在一个文化组织中，如果员工不知道自己的工作目标和任务，可能会导致员工工作热情下降，影响组织的文化活动效果。

3. 组织文化的缺失

组织结构不健全还可能导致组织文化的缺失。组织文化是指组织成员共同认可的价值观、信念和行为准则。如果组织结构不明确，组织文化就难以形成和传承。例如，在一个科技组织中，如果没有明确的组织文化建设计划，可能会导致员工缺乏共同的价值观和行为准则，影响组织的创新能力和竞争力。

4. 外部形象的受损

组织结构不健全还可能影响组织的外部形象。在现代社会，组织的外部形象对其发展至关重要。如果组织结构不明确，可能会导致外部沟通不畅，影响组织的声誉和形象。例如，在一个国际组织中，如果没有明确的外部沟通机制，可能会导致信息传递不及时，影响组织的国际形象和影响力。

综上所述，社会组织体系的不健全主要体现在组织结构的缺陷上。这种缺陷不仅影响了组织内部的运作效率，还对组织之间的协作产生了负面影响。为了提高社会组织的运作效率和协作效果，必须重视组织结构的建设和完善，明确职责分工和权责划分，建立有效的沟通机制和合作机制，提升组织的决策效率和质量，增强组织的资源配置能力和员工士气，形成良好的组织文化和外部形象。只有这样，社会组织才能在复杂多变的社会环境中发挥更大的作用，推动社会的进步和发展。

（二）社会组织之间的沟通机制不完善是影响协作效率和效果的重要因素之一

有效的沟通是组织协作的基础，它不仅能够促进信息的及时传递，还能增强组织之间的信任和合作。然而，在实际运作中，许多社会组织之间缺乏畅通的沟通渠道和机制，导致信息传递不及时、不准确，进而在协作过程中出现信息不对称的问题。这种信息不对称不仅影响了组织之间的信任关系，还可能导致决策失误，影响公共安全问题的解决。

首先，信息不对称是社会组织之间沟通不畅的直接结果。在许多情况下，社会组织之间缺乏有效的沟通机制，导致信息传递不及时。例如，在一个跨国的救援行动中，如果参与的各个组织没有建立有效的信息共享平台，可能会导致某些重要信息无法及时传递给相关方，影响救援工作的协调和实施。此外，信息不对称还可能导致信息的失真和误解。例如，在一个公共卫生项目中，如果组织之间没有明确的信息传递流程，可能会导致某些数据被误解或遗漏，影响项目的实施效果。

其次，信息不对称会影响组织之间的信任关系。在组织协作中，信任是合作的基础。如果组织之间的信息传递不畅，可能会导致彼此之间的误解和猜疑，进而影响信任关系的建立和维护。例如，在一个环境保护项目中，如果参与的组织之间缺乏透明的信息交流，可能会导致某些组织对其他组织的动机和行为产生怀疑，影响项目的合作效果。此外，信息不对称还可能导致组织之间的竞争和冲突。例如，在一个资源分配项目中，如果组织之间的信息不对称，可能会导致某些组织为了自身利益而采取不当行为，影响项目的公平性和公正性。

信息不对称还可能导致决策失误。在组织协作中，决策的质量直接影响到项目的成败。如果组织之间的信息不对称，可能会导致决策者无法获得全面和准确的信息，进而影响决策的科学性和合理性。例如，在一个灾害应对项目中，如果组织之间的信息不对称，可能会导致决策者无法及时了解灾害的最新情况,影响应对措施的制定和实施。此外,信息不对称还可能导致决策的延误和失误。例如,在一个公共政策项目中,如果组织之间的信息不对称,可能会导致决策者无法及时获得政策实施的反馈信息,影响政策的调整和优化。

为了更好地理解社会组织之间沟通机制不完善对协作的影响,我们可以从以下几个方面进行分析:

1. 沟通渠道的缺乏

许多社会组织之间缺乏有效的沟通渠道,导致信息无法及时传递。在现代社会,信息技术的发展为组织之间的沟通提供了便利条件。然而,许多社会组织由于资源和技术的限制,未能充分利用这些技术手段,导致沟通渠道的缺乏。例如,在一个国际合作项目中,如果参与的组织没有建立统一的信息交流平台,可能会导致信息传递的延误和失误,影响项目的实施效果。

2. 沟通机制的不健全

许多社会组织之间缺乏健全的沟通机制,导致信息传递的不准确。在组织协作中,沟通机制的健全与否直接影响到信息的质量和效率。如果组织之间没有建立明确的沟通机制,可能会导致信息的失真和误解。例如,在一个教育合作项目中,如果组织之间没有明确的信息传递流程,可能会导致某些重要信息被遗漏或误解,影响项目的实施效果。

3. 信息共享的不足

许多社会组织之间缺乏信息共享的意识和机制,导致信息不对称。在组织协作中,信息共享是提高协作效率和效果的重要手段。然而,许多社会组织由于利益和安全的考虑,未能充分共享信息,导致信息不对称。例如,在一个公共安全项目中,如果组织之间没有建立有效的信息共享机制,可能会导致某些重要信息无法及时传递给相关方,影响项目的实施效果。

4. 沟通文化的缺失

许多社会组织之间缺乏良好的沟通文化,导致信息传递的障碍。在组织协作中，沟通文化是指组织成员在沟通过程中共同认可的价值观、信念和行为准则。如果组织之间缺乏良好的沟通文化，可能会导致沟通的障碍和误解。例如，在一个文化交流项目中，如果组织之间没有建立良好的沟通文化，可能会导致文化差异和误解，影响项目的合作效果。

综上所述，社会组织之间的沟通机制不完善是影响协作效率和效果的重要因素之一。这种不完善不仅导致信息不对称，还影响了组织之间的信任关系和决策质量。为了提高社会组织之间的协作效率和效果，必须重视沟通机制的建设和完善，建立畅通的沟通渠道和机制，增强信息共享的意识和能力，形成良好的沟通文化和信任关系。只有这样，社会组织才能在复杂多变的社会环境中发挥更大的作用，推动社会的进步和发展。

（三）社会组织的能力建设不足是影响协作效率和效果的关键因素之一

在现代社会，社会组织在解决复杂的公共安全问题中扮演着越来越重要的角色。然而，许多社会组织在专业能力、管理能力和技术能力等方面存在不足，难以有效应对这些复杂问题。在协作过程中，这些能力不足的组织可能成为多元主体协作的短板，影响整体协作的效率和效果。因此，加强社会组织的能力建设，提高其专业水平和管理能力，是提升协作效果的重要途径。

首先，专业能力的不足是社会组织能力建设中的一个突出问题。专业能力是指组织在其特定领域中所具备的知识、技能和经验。在许多社会组织中，尤其是新成立的组织，往往缺乏足够的专业能力，导致其在应对复杂问题时显得力不从心。例如，在一个公共卫生项目中，如果组织缺乏专业的医疗人员和设备，可能会导致项目的实施效果不佳。此外，专业能力的不足还可能导致组织在项目设计和实施过程中出现错误和失误，影响项目的质量和效果。

其次，管理能力的不足也是社会组织能力建设中的一个重要问题。管理能力是指组织在资源配置、人员管理和项目执行等方面的能力。由于缺乏系统的管理培训和经验，可能会导致社会组织的管理出现问题。例如，在一个大型的救援项目中,如果组织缺乏有效的管理机制和流程,可能会导致资源的浪费和人员的混乱,影响项目的实施进度和效果。此外,管理能力的不足还可能导致组织内部的沟通不畅和决策失误,影响组织的整体运作和发展。

技术能力的不足是社会组织能力建设中的另一个重要问题。技术能力是指组织在信息技术、数据分析和创新应用等方面的能力。然而,许多社会组织由于资源和技术的限制,未能充分利用这些技术手段,导致其在技术能力方面存在不足。例如,在一个数据驱动的项目中,如果组织缺乏专业的数据分析人员和工具,可能会导致数据的收集和分析不准确,影响项目的决策和实施。此外,技术能力的不足还可能导致组织在创新和变革过程中面临困难,影响其竞争力和可持续发展。

社会组织的能力建设不足是影响协作效率和效果的关键因素之一。这种不足不仅影响了组织的专业能力、管理能力和技术能力,还影响了组织的资源配置、项目执行、创新能力和组织文化。为了提高社会组织的协作效率和效果,必须重视能力建设,加强专业培训和管理培训,提升技术能力和创新能力,形成良好的组织文化和外部形象。只有这样,社会组织才能在复杂多变的社会环境中发挥更大的作用,推动社会的进步和发展。

第五章 公共安全多元协同治理的实现路径

科技的发展是一把"双刃剑"。因此，在全球化不断发展和科技日益进步的今天，需要特别关注科技不当使用带来的安全风险。随着社会的快速发展，社会转型期带来的新风险不容忽视。各方面的巨大变化可能导致一部分人产生心理落差和不适应，进而潜在增加犯罪风险。最终，中国的社会公共安全治理需要引导和支持社区发挥其治理作用，形成家庭、社区和整个社会对公共安全的共同守卫。这种治理模式应与时俱进，不断整合传统与现代、国内与国际的治理理念，最终形成具有中国特色的社会公共安全多元协同治理模式。

在现代社会，政府和公共管理机构面临日益复杂的风险，这要求不断改变管理模式以适应环境。风险管理与分析技术成为社会公共安全多元协同治理的关键，通过实时监测和资源投入减少风险的发生和影响。风险管理重视宽泛数据的收集，并依此为风险预测和预防提供强有力的支撑。它借助统计方法量化风险，构建风险级别划分的理论依据，让公共安全治理对不确定因素有所把握。同时，它致力于数据透明化和公众参与度的提升，及时公布数据分析结果，动员公众共同预防和控制风险，增强风险防御意识，共同参与治理。为了加强治理，我们应吸取不同领域的经验和理论，结合公共政策和社会治理结构优化，以及政策网络的构建和发展进行研究。政策网络理论提供了分析政府各主体间互动的框架,促进构建和谐的政府关系,该理论综合了社会学、经济学和公共政策领域的知识,强调多主体互动。奥斯特洛姆夫妇的多中心治理学说进一步强调了多个权力中心和组织体系在治理公共事务中的重要性,突出参与者的互动性和自发性。分权能增强各方的治理积极性,并通过组织网络解决困境。总体来看,社会公共安全已开始接受网络化治理,公共安全治理正向多元协同的方向转型。无论是单节点控制还是多主体共治,都预示着安全治理网络进入新的发展时期,这为社会公共安全多元协同治理带来了新的机遇,并有望进一步促进社会的稳定与安全。

构建有效的社会公共安全多元协同治理模式在各种社会环境和不同社会主体间存在显著差异,因此其治理效能和运行机制受到一定程度的限制。成功实施这一模式,需要考虑到国家或地区的具体社会背景,以及在应用过程中的实际差异。以赞比亚的社区警务改革为例,虽然改革计划得到了外国专家的建议和辅导,但由于本国政治体制和文化传统等因素影响,未能有效执行预防措施,导致警务改革效果有限。这一案例强调了在公共安全的多元协同治理中,必须考虑政治、经济和文化等各种因素的影响,以确保安全措施能够适应当地实际状况并取得预期效果。

各国或地区的政治机制和政府结构对社会公共安全多元协同治理产生显著影响。不同政治体制下,警务模式多样化。美国和加拿大实行"分散警务模式",警力主要分布在地方各级政府,联邦警察不直接提供公众安保服务,仅在跨州案件中与地方警力合作。这种模式可能导致警力分散,效率降低。相对而言,法国的"集中警务模式"由国家政府强力控制,有效提升了警务工作效率,但可能牺牲地方利益。而英国等国家的"适度分散模式"介于前两者之间,既提升专业度又保持地方警务自主性。在英国,地方主导社会公共安全治理,中央政府只进行监督,切实避免跨越地方自治。美国则由地方警局负责治安,联邦层面通过行政体系辅助。在中国,警务活动由中央到地方严格遵循党的领导和政府监督。这一模式强调党对警察队伍的绝对领导和社会秩序的维护。中国社会公共安全多元协同治理体系建设在党和人民政府领导下，科学规划，结合社会实际需求和人民群众积极参与中实施。不同国家政治体制影响下的警务管理和公共安全策略，透露出在构建有效治理体系中需考虑的政策、制度及文化因素。

社会资本对社会组织间深度合作的影响不容忽视，在社会公共安全多元协同治理中尤为突出。社区居民若拥有较强权利意识，主动投身社会安全活动，并与他人建立信任和协作，则有利于形成治理上的良性循环。社会资本的积累依赖于社会信任的建立，社会成员之间、政府与民众之间的相互信任是积聚社会资源、提升公众团结一致性与动员参与度的基础。社会规范作为社会资本积累的关键要素，随着其形成和推广，增强了社会凝聚力，并推动社会资本的壮大。发展先进的社会规范可以增进社会组织的孕育与发展，促进社会网络的构建。健全的社会资本存量确保构建广泛和完整的社会网络，便于公众之间的沟通和信息交流，同时有助于打破人际壁垒，传播志愿精神，促进社会公共安全网络的优化。通过建立社会信任、形成社会规范及积累社会资本，我们可以鼓励并促进社会各主体更加积极地参与到公共安全的共同治理中，从而提升整体治理效能并增强社会安全感。

国外社会公共安全多元协同治理模式由于犯罪率上升与各自社会背景相结合，经过长期发展而逐渐形成，其实践经验对其他国家具有借鉴价值。与传统的被动式警务相比，现在更多国家转向具有预防性质的警务模式，更注重于预防犯罪而非仅仅响应。为增强群众的社会安全感，各国采取多种措施，包括公开治理风险的策略和对潜在威胁进行预防与控制，以及强制监管可能对公共利益造成危害的群体，以及制定相关的风险预防和监测政策。随着信息技术的发展，犯罪手段不断升级，这给公共安全治理带来新的挑战。因此，传统犯罪预防与控制的方法需要更新升级以适应新情况。多个西方国家已经实现了安全情报的多层级管理，并协调各级各部门之间的合作，以更有效地收集犯罪情报。这不仅有助于更精确地定位高风险区域和人群，也促使国家能够更有效地预防犯罪，从而提升公众安全感。

在信息时代，警务机构不再是社会公共安全唯一的核心机构，而是需要与社会机构和组织并肩协作以落实多元协同治理。西方国家的社会治安机构已成为公共安全协同治理的重要参与者，其实践中显示出不同组织在情报收集、决策辅助、资源配置及执行任务方面的显著能力。新时代的社会安全议题更加复杂，部分国家和地区已察觉到预防犯罪和建立公安机关与社会组织的合作在治理中的关键作用，力求将社会组织紧密整合进治理活动。随着社会安全的不断发展，警务模式也经历了更新。其中社区警务取代了传统警务模式，重视社会沟通和公众参与，矫正机制和私人警务亦日趋成熟，第三方警务策略则强调社会机构作为治理主体的有效性。这些新模式共同助力于提升社会公共安全的内聚力，促进和谐社会关系的形成，为稳定社会秩序打下基础。在中国，警察仍是公共安全多元协同治理不可或缺的力量。面对新的挑战，中国的治理模式亦需变革与升级，以更好适应社会发展趋势和实际需要。传统的被动反应式模式不再契合现今社会，需要转向更具前瞻性、协同性的治理方式。整体上，国内外公共安全治理经验表明，多元参与主体的整合、创新治理策略的采纳与深化社会合作关系是提升治理效能、实现社会安全与和谐的必经途径。

第一节 目标引导与基础构建

尽管协同效应的力量巨大，但社会各个领域内部的协同离不开外部力量的支持，否则可能无法完成推动社会发展的目标。社会公共安全多元协同治理是一种比较特殊的治理模式，是在实践中不断发展并完善的结果。

一、协同治理的目标设定

对公共安全问题深入研究不应局限于经验性总结，而应运用协同理论及系统理论等科学的视角和方法。协同思想已在自然科学中得到验证，而在社会科学尤其是社会公共治安研究中的应用仍有待深化。协同论可以帮助我们系统地分析社会治安问题，构建分析模型，探寻繁杂社会治安危机背后的基本规律和关键因素，维护和提升治安质量。当前，我国政府面对的重要课题就是实现社会公共安全的整体性治理，新型合作模式和机制研究为其提供了新方向。社会治安的有序性和均衡状态日益遭受破坏，不同类型的治安问题频发。公众在处理公共安全问题上逐渐积累经验，实现从被动反应到灵活应变，最终发展到系统预测和管理。协同理论的动态视角不仅能突破传统的静态管理分析，还能促进多个层面上以政府部门为主导的合作决策。寻求一个有序、系统、规范且能有效管理公共安全问题的模式，是中国社会安全可持续发展的关键。

科学系统地整合和调动社会资源是实现可持续发展的必要条件。随着社会安全工作转向"以人为主"的"多中心"合作模式，面临开放、联合、协调与合作挑战，在处理突发事件或危机时，各主体间必须协作以实现高效治理。中国目前的社会公众治安体系正处于非均衡状态，恐怖主义的风险、社会治安事件的频发和各地治安体系建设的不均衡表明社会治安管理亟须改进。社会公共安全的协同管理要求对整个安全体系及其子系统进行持续分析，以探究逻辑和规律，寻求从非均衡到均衡的转变。通过分析国家、社会组织和个人的角色并探索制度博弈，本章将揭示公共安全服务的自我调节机制，推动国家和社会安全保障协同治理，以促进整体社会的稳定、平衡与可持续发展。

第一，内外部环境的影响，需对组织结构进行优化。目前我国公共安全治理的组织结构存在多重问题，首先是部门或团队间出现职能重叠现象，导致资源浪费及低效率。其次是，多层管理造成信息传递不畅，可能产生误差，影响决策。因此，必要的组织优化不可避免。特别是在社会公共安全多元协同治理方面，组织的调整变得尤为关键。此外，目标设置上的不明确和缺少实施计划，又导致了制度推进的困难。提供明确目标与详细步骤，确保资源和支持力度能够匹配制度需求，至关重要。在宏观层面，应基于现实情况加强政策供给，完善规则，制定可执行且高效的方针。这些改善措施将推动全方位发展，加强组织各层对社会公共安全重要性的理解与响应。通过普及教育，营造共同价值观，使协同治理主体能深刻理解多元协同治理的核心宗旨，了解自己在其中的角色与职责，每个人贡献自己的力量，共同构筑一个稳固的安全防护网。在推动变革的道路上，应鼓励信息透明化。这样不仅能促进决策共享，更使得整体治理工作具有可追溯性和可评估性。通过这种方式，可以不断完善和调整制度策略，以达到更高效的治理成效。公共政策的完善也须依托于广泛的社会参与和反馈。采用开放的思维，积极吸纳不同领域的最佳实践和经验，为政策制定提供丰富的输入资源，促进公共管理的创新与进步。总体来说，针对现有问题进行改革，建立以效率和效果为核心的新型组织结构，明确目标和计划，提供坚实资源支持，并通过政策优化与教育普及，激发成员积极参与，共同为社会公共安全多元协同治理贡献力量，这样的行动将铺就一条充满成效和活力的发展道路。

第二，合理分配资源，加强协作与沟通。要实现有效的社会公共安全多元协同治理，首先得理解涨落规律，准确识别影响稳定秩序的涨落点。这些涨落点是社会公共安全稳定与否的关键，我们要根据这一规律采取策略，确保社会治理体系的健全，并维护稳定秩序，支撑社会的健康向前发展。社会公共安全秩序的失衡通常由特定的因素引起。如果除去突发危机因素，其他因素未对安全秩序产生额外影响，那么失衡状态能够自行衰减，社会秩序将重新恢复平衡。但这种自我调整不应忽视其他社会主体的作用，无法只依赖政府或警方的过多介入，因此要借助其他社会组织或个体的行动力，这是多元协同治理的真谛。另一方面，若社会公共安全失衡期间，其他因素同步响应造成更大干扰，可能会再度激化局势甚至引发深层社会矛盾。针对这样的态势，我们应当根据危机处置原则进行及时处理。在面对可能引起社会动荡的事件时，政府要迅速出台科学且有效的对策来稳固局面。这需要精准分配资源，在关键问题上集中力量进行有效干预。同时还应将责任和任务具体分配到其他协同主体，确保各方各司其职，有效协作。各方根据政府的统筹部署，使用分派的资源解决被指定的问题，以政府的行动为指导，形成一种合作的良性循环。政府不仅要在资源分配和任务协调上起引导作用，同时也应运用激励机制，如财政资助和税收优惠，奖励那些在应对紧迫情况中表现突出的协同主体。这种激励可以提高社会各部门和组织应对突发事件的积极性和效率。在此基础上，政府需与社会各界开展广泛的对话，充分收集民间声音和意见，使得决策过程更加公开透明。同时，应加强与民间组织的配合，挖掘它们潜在的社会治理能力，形成公民参与的良好风气。教育和培训同样不可忽视。通过系统的培训提升社会各方在面对危机时的应对能力，强化责任心和紧急局面下的处置意识。此外，不断完善相关法律法规，保障多元协同治理的规范运行和公正性，以法治力量确保社会公共安全秩序。总之，通过综合施策，实现资源合理分配，规范危机处理流程与机制，加强各方协作与沟通，确保社会公共安全体系的有效运转，进而提升社会整体的稳定性和韧性。这样的多元协同治理模式，是保障社会公共安全的关键。

第三，在多元协同治理的框架下，秉持互动互助原则的同时，还要依照功能倍增原则充分发挥各安全主体之间的协作潜力。通过优势要素的整合和交流，可以形成互补效应，从而提升每个主体的效率和整体系统的功能，达到提高社会公共安全治理效力的目标。各安全主体间积极的互动和交流是实现资源合理配置和效率化使用的基石，它加强了组织间的联络，促进了信息的共享和经验的互通。这样的沟通是发现问题、识别症结点并快速响应的先决条件，通过不断优化合作方式，可以加速系统内部各元素的有效耦合。只有通过持续的互动和有效的交流，各协同主体才能共同完成社会公共安全多元协同治理的任务，实现社会的稳定与和谐。这一过程不仅仅是协同主体间胜任工作的表现，亦是他们独特优势的凸显。而在实践过程中显现的任何弊端或不足，也都是值得深入研究的重要课题。学术界和实践者需共同关注这些问题，发挥各自优势，形成解决问题的有效机制。交流合作中的挑战与机遇同样重要。如何在坚守原则的基础上实施灵活多变的策略，充分利用多样化资源和手段，强化协同效应，都是亟须解答的课题。深入研究协同主体间

第五章 公共安全多元协同治理的实现路径

的合作模式、沟通机制及其运作效率，都是该领域的关键研究方向。为了促进多元协同治理的发展，需要建立标准化、系统化的交流平台，使得各主体在平等、公开的环境中共享数据、知识和技术。同时，加强培训，提高各主体的专业能力和协同作战的能力。特别是对于突发公共安全事件的快速响应与处理，各主体间应在事前就有明确的协议和行动流程，确保在关键时刻能够迅速集结、有效协作。除了提升各自的能力和协同工作的效率之外，还需要鼓励创新思维和方法的引入，使多元协同治理能在适应社会发展变化的同时，不断提升对外部不确定因素的应对能力。创造更加灵活、适应性强的治理模式，将是该领域前进的重要动力。总体而言，多元协同治理是一项复杂而又必要的任务，它要求各主体在保持本身特色和优势的基础上，以开放的态度和合作的精神，克服困难、攻坚克难，不断丰富和提升治理的内涵与路径。只有如此，才能保障社会公共安全的高效运营，为社会的长远稳定与发展奠定坚实基础。

协同治理战略是独立于常规协作的完整体系，不意味着政府将对社会公共安全进行强制性干预。它建立在自组织系统概念之上，强调无外部强制性干预的秩序建立。在社会公共安全多元协同治理中，政府致力于提升公共产品和服务质量，这依赖于社会资源的整合和不同协同主体间的协调。协同的实施基于提前的沟通与指导，如游泳池中救生员的预先引导，使得行动的参与者能够协调动作，防止混乱，确保秩序。协同治理战略启动前的准备工作至关重要，为策略的顺利实施和后续发展奠定基础。这要求有序的规划和设计，确保各方面合作顺畅且直面挑战，共同促进社会公共安全治理的有效进展。

协同治理战略的成功实施需采用项目管理方法进行有效监督和约束，确保其具体化、系统化落地。明确参与主体、目标行业和服务地域显得尤为关键，这有助于避免管理冲突和重叠，维护协同治理的稳定性并促进社会稳定。实施中，要识别主责方，发挥各主体的资源和业务优势，优化参与者间的互动与协作。问题发现和经验教训的总结，对不断改进方法和策略至关重要。

关键是构建内部强有力的协同机制，实现资源、信息共享，同时利用外部专家资源，将专业知识和技术支撑应用于实际问题解决中。良好的互动沟通能够产生有效方案，确保按照法规政策执行。关于社会公共安全多元协同治理战略的启动，统一意见至关重要，这可以减少后续施策的阻力，大大提升效率。协同机会识别是关键环节，为"临界点"的确定提供依据，确保工作顺利推进，占据主动。

找准协同治理的最佳时机尤其应注意两种情况：一是社会公共安全秩序失衡或濒临失衡状态，需即时处理紧急事件；二是通过管理及分析确立明确的问题点。只有前期准备充分，识别问题、规划策略并整合资源，才能发挥不同主体的作用，包括政府机构与警务部门的协同配合，以及其他参与方的积极参与，实现全面而有效的社会公共安全多元协同治理。

二、信任构建与技术应用：从试点到推广

社会公共安全多元协同治理作为一种特殊的集体行动，它要求不同参与主体之间的协作与互助，建立在清晰的实践原则和逻辑框架上。其战略的设计与实施必须考虑到实际需求及社会的发展现状，同时确保目标和使命的明确性。要鼓励协同主体的参与和高效执行任务，激励措施不可或缺。这包括经济奖励和荣誉表彰，目的在于激发各方的热情。有效的监督机制则是确保治理工作顺利进行的关键，包含跟踪进度、发现问题、及时调整和维护透明度。强化信息交流与协调是避免资源浪费和工作重叠的重要举措。建立一套高效的通讯平台必要，确保快速响应和协同合作。同时，培育协同文化和团队精神，增强参与者的协作意识。协同治理要适应社会动态，须定期更新策略，结合现代技术加强管理精确性和效率。面对突发事件，应迅速调整合作方式、集结资源，并有效应对。成功的协同治理依赖于各参与主体之间的有效合作，包括明确职责和建立稳定的合作机制。不断优化实践过程，社会公共安全多元协同治理将为社会稳定和安全做出积极贡献。

第五章　公共安全多元协同治理的实现路径

集体行动的困境长期以来一直是社会科学研究的核心内容之一。奥尔森在他的经典著作《集体行动的逻辑》中提出，个人或小集体的利益并不总是与集体利益保持一致，这导致集体行动在实践中面临诸多障碍。他的研究提出小规模集团相较大集团有更强的黏合力，这一发现在公共产品的提供上小集体更具优势。集体行动本质上要求高度的包容性。大型集体往往需对内部的小集体和个人持更大的包容度，因为集体行动是一种非排他性质的活动，它依赖于各方的积极参与。然而，小集体和个人在参与过程中往往抱有与集体行动目标不完全相符的个人目标和利益。这种个人目标与集体目标的不一致性可能导致个别成员缺乏强烈责任感，甚至趋向于追求个人利益而忽视集体利益，产生"搭便车"现象，影响集体行动的成功。针对这一现状，学术界致力于研究集体行动困境的解决办法，并提出了多种解析视角。这些研究遍及不同层面，每个不同的理论视角都为理解和促进协同治理提供了宝贵的思路和方法。特别是自主治理路径对协同治理提出了新的见解。美国学者埃莉诺·奥斯特罗姆通过公共池塘模型分析了自主组织和公共事务治理之间的互动，认为自主治理的有效性与管理环境的大小紧密相关。在自主治理模式下，参与主体必须接受既定的规则约束和制度限制，以实现更有效的集体行动。自主治理能带来诸多好处，比如提高决策效率和响应速度，促进参与方的责任感，并且因贴近实际问题和需求而可能提供更切合需求的解决方案。然而，自主治理也面临挑战，比如如何确保相关主体遵守规则以及如何监督和惩罚规则违反者都是亟待解决的问题。解决集体行动困境的策略需要激励制度的引入，比如建立奖惩机制，鼓励那些积极参与并为集体利益做出贡献的主体，同时惩罚那些企图搭便车的参与者。同时，加强交流和教育也是提高集体行动成功率的关键，通过培养共同利益和责任感，可以提高成员之间的协同水平。此外，技术手段的应用于监督和管理中也提供了新的可能性。运用现代信息技术，比如区块链和大数据等手段，可以在实时监控、信息透明和追踪责任等方面发挥作用，也有助于治理过程中的信息共享和决策制定。综上所述，集体行动的成功关键在于识别和解决困境，这需要一系列相互补充的策略和机制，包括鼓励参与、激励责任、规则约束、监督管理、教育培训以及技术支持。通过各主体的共同努力，集体行动和协同治理将成为推动社会公共安全进步的强大力量。

埃莉诺·奥斯特罗姆在其作品《公共服务的制度建构》中提到，警察提供的服务确实对社会大众具有积极的意义，尤其是在规模较小的社区中，警察的作用更是明显。这主要是因为在较小的社会环境中，民众能够直接感受到其利益得到了保护，并因此对警察的活动表示认可和支持。基于这种现象，我们可以推论出社会公共安全多元协同治理的有效路径。社会公共安全多元协同治理应当首先在小规模、局部的环境中进行试点，通过具体的项目和活动，让政策在该区域内落地生根。这样的做法利于政策快速响应社区的实际需求和问题，同时也容易在社区成员中建立起信任和共识。在小规模领域内开展试点时，我们需要做好详细的记录和跟踪管理。这包括在实施过程中密切监控协同治理策略的执行情况，记录数据，观察响应，并及时地分析结果，从而整理出有益的经验和存在的问题。当某个策略或项目在小社区中表现出积极的效果时，应该对这些积极之处进行深入挖掘和总结，尤其是关于那些提高了共同安全水平，增强了社区凝聚力的做法。这些成功点可以在将来推广时作为宝贵经验传递到更广泛的范围。相比之下，当我们在某个方案实施中遇到挑战或弊端时，应立即分析产生这些问题的原因，并找出解决或改进的途径，以确保在下一次推广或实施中不再出现同样的错误。

通过在小规模社区的反复试点和不断优化，我们可以为将来在更大规模上应用协同治理的策略铺平道路。这种渐进的方式不仅能够逐步拓宽协同治理的影响力，还能确保策略或行动的有效性和适应性得以不断提高。为了使这种小规模试点成为可能，需要考虑设立一套可操作的指导框架和必要的资源支持。对于成功的实践模式，应该予以慎重的考虑和认真的评估，进而通过合适的方式进行复制和推广，同时，也要创建一个反馈和修正的闭环系统，确保能够快速反应并调整策略。此外，公共部门、民间组织和地方社区之间互动协作也至关重要。有时，这种多元协同的模式更能贴近民众的实际需求，在公共服务的提供方面体现出更大的优势。总之，成功的社会公共安全多元协同治理策略的实施，离不开有效规模的试点和逐步推广。通过灵活应用自主治理的原则，在小规模社区中开始，积累经验教训，逐步向上扩大，我们将有望看到一个更为强大、更具包容性的共同治理体系的形成，从而为社会的平安稳定奠定坚实基础。

在社会公共安全多元协同治理中，信任关系的建立至关重要。当各主体间信任关系确立，便显出他们在追求共同目标上的一致性。信任不仅是合作伙伴间内心的默契，而且还体现了对于公共安全重视的决心。随着风险社会的到来，社会稳定性面临更多挑战，因此建立稳固的信任关系至关重要，它是有效协同行动的基础，能减少工作的障碍，确保安全治理持续推进。在现代社会，公众教育水平的提高，科技的快速发展，经济全球化的深入，都大大拓宽了人们的沟通渠道。各类社交平台的出现让人们有了表达思想、交换信息的新途径。这在一定程度上增加了沟通的多样性和复杂性。随着信息技术的应用和政府拓宽开放公众参与渠道的举措，网络沟通方式层出不穷，如社交媒体、公共服务 APP、在线留言板等，它们成为公众参与社会治理的重要工具。协同治理离不开公众的广泛参与。为了实现这一目标，有效的自主沟通机制不可或缺。这类机制由各类平台提供支撑，保证公众能自主进行交流和讨论。自主沟通的作用在于，它能够增进彼此了解，构建和巩固信任关系，使得信息透明度提升，从而增强合作的可能性和效率。在构建信任关系的过程中，各方了解彼此的必要性不言而喻。通过交流，各主体可以明确彼此的需求、期望和能力，形成共同工作的基础。而在实践中，只有在共同目标明确、相互间能力认可的情况下，各主体的合作才能稳步前进。有效的沟通亦是防止误解和冲突的关键。透明的信息交流有助于预防和解决可能出现的分歧，通过及时公开的讨论，使问题可以快速得到识别和解决。密切的交流还能够促进共同决策，提高决策的质量和可接受性。技术的发展，奠定了信息共享和群体互动的坚实基础。大数据分析和智能算法的应用，可以提升信息处理的效率，辅助决策过程，并减少治理中的信息不对称。同时，技术也提供了监督和鼓励机制的手段，通过在线反馈和评价系统，奖励那些积极参与和贡献的个体或组织，激励更多的人加入公共安全治理中来。总之，信任关系是社会公共安全多元协同治理中的重要部分。它基于各主体间目标的一致性，并通过自主沟通平台构建和维持。随着技术的发展和社会沟通渠道的拓宽，信任构建变得更加便利。我们需要利用这些新兴工具，增进理解，提升协作效率，共同推进安全治理向前发展。

集成行动在社会公共安全协同治理方面扮演着不可或缺的角色。有效的集成工作需要一个强大中心的引导，政府自然是这一中心的最佳候选。政府不只负责整体工作的领导，还需筛选合适的参与者以构建高效的协同治理网络。政府的角色需要平衡好领导者和监督者之间的关系，确保所有主体在明确的工作指向下自主发挥，避免过度依赖政府，以免丧失自主创新能力。第三方的加入是构建社会公共安全集成网络的重要一环。参与主体多元化，涵盖政府、社会组织、企业乃至个人。每一个主体承担不同的职责，工作中形成有序而清晰的分工合作。政府在这一过程中将扮演关键的监督角色，把控大局，制定政策，同时注重协同各方的力量，合理分配资源。协同治理的推进不能急于求成，而应选择小规模的社区或组织作为试点。成功经验和教训都是宝贵的，应在后续工作中不断吸收和完善。从一个小范围逐渐拓展到更广泛的领域，加强不足之处，利用优势发力，根据不同情况制定具体策略。社会公共安全的网状结构在中国有着深厚的底蕴。个人与个人之间的联系构成了错综复杂的社交网络。这些网络形成了紧密的社会联系和支持结构，为协同治理提供了坚实的基础。传统的"关系型"网络在中国社会中占有一席之地，它以熟人为中心，通过一个个熟悉的人将陌生人联系在一起，形成公共安全的坚实后盾。费孝通在《乡土中国》中对传统熟人社会的描述，展示了这种关系网络的特色和功能。个人通过相互熟识的关系链条，联系起整个社会结构。这种社会网正是公共安全协同治理的基础。其作用是促进信任，沟通信息，实现资源共享，增强社区内各方面的合作。协同治理的成功实现不单需要政府的积极参与，还要求公众的广泛支持，社会组织的积极配合。

所有参与主体必须明确自身的角色，秉持共同的目标，共同为社会安全保驾护航。社会组织和个人的参与增加了治理网络的多样性和创新性，而政府通过策略引导，资源调配等方式，确保这种多元参与最终形成高效的合力。总而言之，协同治理是一个复杂的过程，需要政府、社会组织、企业以及公众等多元主体的共同参与。通过小范围试点积累经验，再逐步推广，结合中国传统的社会结构和现代社会的通信技术，形成一个覆盖广泛、高效运转的社会公共安全协同治理网络。

三、多元激励

社会公共安全关乎个人与群体的利益，但缺乏明确的激励机制时，公众往往持观望态度，不易采取行动。因此，建立针对群体利益的激励措施成为实现高效社会公共安全协同治理的关键。现代社会，公共管理日益复杂，公众参与逐渐增多。公众的参与不仅促进个人发展，而且为社会安全贡献正向效益。这要求政府采用有效的激励措施促进公众主动参与，同时，个体也需从一个更广阔的视角看待自身在社会安全中的角色，认识到主动参与的重要性。

邻里守望制度是一种社区治安管理的有效手段，丹麦是将其深入实践的国家之一。在丹麦，政府和安全多元协同治理部门投入了大量注意力，依托于一种特有的犯罪预防策略，即情境犯罪预防理念，该策略集成了诸多先进技术和预防机制，目标是最大限度地保护社区居民的人身和财产安全。这一制度不单单着眼于传统的警察巡逻，而是在此基础上增设了一系列的硬件及软件支撑。根据丹麦各个社区的具体居住环境，提供量身定做的犯罪预防措施，陆续构建和完善适应本地社区需要的治安系统。这样的措施不仅增加了社区的整体安防水平，更在居民中弘扬了一种独特的社区治安意识和文化。居民们不仅是防范犯罪的对象，更是参与者和动力源泉。邻里守望在社区内激发了居民的主体意识，使得治安管理不再是警察单兵作战，而是整个社区协力应对安全挑战。借鉴丹麦的经验，全球许多国家相继引入和发展了邻里守望制度。成功的关键在于因地制宜地运用这一模式，在尊重社区独特性的同时，强调预防为主、警民协作的治安管理理念。实践证明，邻里守望制度已成为提升社区安全感、促进社会融洽和谐的有效途径。而那些取得成果的国家和地区，则为其他正在推行或希望改善社区治安状况的社区提供了宝贵经验和教训，成为值得全球学习和借鉴的样板。

四、第三方警务

第三方警务理念由澳大利亚学者洛林梅热罗尔和珍妮特·兰斯莉提出，并被应用于实践，标志着犯罪预防和控制的新发展阶段。这一理念应对治安形势的国际变化和公安改革需求，对于促进治安防控具有重大意义。第三方警务通过激发非犯罪者的参与，鼓励其积极预防和控制犯罪行为，政府、公安、司法等各种组织都可能成为第三方主体。这种警务模式以人为研究对象，通过改变个体行为以达到预防犯罪的目的。在执行过程中，警察采取诸如协调、教育、强制等手段，以引导第三方实体的主动行动，促使其远离犯罪活动。然而，因第三方主体存在差异，需要针对性的策略，警方需利用政策和法律确保其有效性。在多方合作治理实践中，西方发达国家强调社会组织和安全机构共同承担公共安全责任，并以此作为未来策略方向。公安机关在社会治安综合治理中也需积极运用第三方警务理念，有效防范和打击犯罪，保障社会稳定。此外，暴力、毒品、财产和青少年犯罪等多种犯罪类型的深入研究，有助于理解第三方警务理论的实际效果及运用现状。在应对涉及毒品的犯罪活动时，第三方参与者例如企业法人、商界代表和公共住房管理等组织在行政指导和法律要求下扮演重要角色。他们应进行实地考察和数据收集，与房东沟通法规，要求制止租住不良分子，及时通报化学品制造情况，并在娱乐场所设置执法点，确保公共安全。物业企业通过现代通信手段收集投诉信息，并协助警方推广租赁纪律，必要时发出"停止租赁通知"进行驱逐处理。对于暴力犯罪，犯罪对象涉及公民人身和财产权利。第三方如企业、员工与专家要依策略定期优化商业环境，强化员工培训，以及通过社区警务提升对非法枪支事件的预防意识，以实现综合治理和犯罪打击。

第三方警务是一种创新的警务作业模式，它促进了警察与不同社会团体或个体的合作。在涉及受害者的案件中，警方应及时与受害者沟通，提供法律援助和支持文件。公务员需与警察部门建立稳固的合作关系，利用法律手段降低犯罪发生率。而专业人士，如行业专家，应和警察协作，为特定暴力事件提供评估与鉴别。非营利服务机构可根据事件需要提供专业法律或其他帮助。针对青少年犯罪，第三方警务战略旨在减少青少年不良行为，提升个人素质。商户、学校管理层、社区组织和家长共同参与，从家庭和社会层面应对青少年问题。策略包含改造商业空间，增设照明，家长对孩子施加管控，确保不违规，社区巡逻团队与年轻人沟通，防止其进入高危区域。财产犯罪中，涉及商户、车辆和生产商等。英国政府曾推出"安全停车场奖励计划"，提高停车安全，减轻居民对犯罪的担忧。措施包括安装监控、改善照明和人力管理，获得认可的停车场会受到奖励。汽车制造商负有更新防盗技术和鼓励安装防盗系统的职责。尽管第三方警务显示了显著的积极作用，但缺点和风险也同样存在。它可能减少社会对犯罪的关注，并可能导致犯罪转移，引发新的安全隐患。显示这一模式不完善，需要进一步的优化。总而言之，第三方警务已经成为警察与民众合作的新途径，它对于激发社会公众参与治安管理、促进公共安全的多元协同治理具有积极影响。通过分析可见，将第三方警务作为补充警务方式，在推动社会安全治理的综合性和有效性上具有显著优势。故此模式应被视为完善现代警务体系中的关键策略，值得在未来的警务工作中持续探索和应用。

第二节 构建多元协同机制，提升群众安全感，推动协同治理

从宏观角度审视我国社会公共安全的治理，我们不难发现，协同治理已

成为增进公共安全，提升公共服务质量的必由之路。在这个过程中，社会对公共安全问题的关注亦必将加大，从而引发了一系列政策和管理层面的变革。这些变革，旨在通过加强跨领域、跨界别的协作，实现公共安全的多元协同治理，提高治理的有效性与公平性。首先，解析治理目标对协同治理而言至关重要。一个明确的治理目标能够让参与方了解各自的责任和角色，进而在治理过程中发挥各自的长处。对于社会公共安全而言，明确协同治理的目标不仅能规避"碎片化"管理的弊端，还能强化政府的整体功能，为社会成员提供更加清晰、透明的服务标准。这有助于确保公共服务更广泛、更均等地惠及社会各界，同时提高了服务的针对性和有效性。跨界合作的推进，是治理体系民主化的体现，它打破了传统的条块分割，形成了全方位、多角度的治理网络。这种合作不仅涵盖政府各部门间的协调，也包括政府与非政府组织、私营部门以及普通民众的互动。民间的积极参与能够给公共安全带来更多元的视角和创新的解决策略，使得安全管理更贴近实际，更能适应社会发展的需求。

社会公共安全领域的治理主要涉及紧急状态和常态管理下的协同。紧急状态下的协同焦点在于应急响应，而常态管理则侧重于日常的风险预防和控制。对于我国的社会公共安全而言，协同管理是至关重要的策略，它要求在日常管理中不断完善应急协同体系。美国作为一个联邦制国家，其应急管理中的整合措施提供了解决碎片化问题的范例。其中包括跨部门沟通与合作、应急预案的制定与优化，以确保对公共安全的快速而有效的响应。同样，我国在应对公共安全治理的过程中，也面临着碎片化的挑战，比如地方保护主义、部门间信息壁垒、短期利益优先等问题。这些挑战要求我们采取整体性治理策略，推动从根本上调解和缓解社会矛盾，实现长远利益的统筹考虑。在整体性治理我国社会公共安全时，首先需要构建跨组织的安全协作网络，以多元协同管理为基础，整合不同组织和部门的资源和能力。公共安全治理是全社会的共同责任，部门间需要互相扶持、协力合作，树立全局意识。政府在其中扮演着核心角色，不仅是网络治理的架构师，还应是推动者，通过政策、法规和资源分配引导和促进安全协同。其次，政策层面的支持对于协同管理至关重要。政策协同分为宏观、中观和微观三个层面。在宏观上，以国家战略为导向，形成统一的政策决策。在中观层面，关注跨界特性和政策领域的拓展，合理分配跨区域、跨行业资源。微观层面则着力于内部的政策执行协同，确保部门内各业务单位间的政策一致性。再次，行动层面的协同至关重要。这需要明确的责任分工、充分的信息交流和有效的沟通机制。通过利用现代信息技术，可以对各部门的工作流程进行再造和协同，形成数字化服务链，提高部门间的协作效率。最后，在时间维度上，对社会公共安全的多元协同治理应持续关注，采取长效机制，协调各种治安控制和公共安全措施。避免短视举措导致的安全挑战，注重长期发展，更重视预测、预防与矛盾调解。只有如此，整体的社会公共安全才得以持续保障。

互联网和信息技术的发展催生了新媒体，改变了人们的信息获取方式，并重构了传统的认知体系。如微博等新媒体平台的兴起，不仅拓宽了信息来源，同时也带来了信息真伪难辨的问题，有时甚至会引发非理性公众情绪，对社会公共安全的治理造成负面影响。在中国，社会经济发展带来了阶层结构问题，特别是底层群体在信息获取和发声方面的滞后性，导致他们在重要社会问题上的表达显得分散且碎片化。而当这种碎片化利益表达过于剧烈时，可能会诱发极端行动，给社会公共安全带来额外的风险。因此，把握好碎片化网络舆情的双刃剑效应，科学引导和管理底层社会群体的利益表达，既是现实问题，也是我们在推进安全协同治理工作中不可规避的挑战。

在当今社会，公共安全成为了国家治理体系和治理能力现代化的重要组成部分。建立和实施一个有效的社会公共安全多元协同治理机制显得尤为重要。所谓"多元协同治理"，就是说在这一过程中需要各个治理主体——国家机关、企业、非政府组织以及公众——共同参与，发挥各自的作用，形成合力。然而，当前社会公共安全领域中，无论是在决策制定还是执行层面上，都存在着碎片化的现象。首先，在安全决策上，往往因为部门间的条块分割，导致重视部门利益而忽略长期和集体利益，结果是安全决策不能真正反映和服务于整个社会的根本需求。各个部门在推行决策时更侧重于维护自身的权利和利益，而非考虑整体的安全需要。在安全决策的执行环节上，执行主体的态度往往不够坚决，执行力度不强，各种资源的争夺现象明显。这种态势导致了安全决策无法得到有效执行，降低了治理成效。同时，执行机构并没有重视与社会其他主体的合作，导致公众参与度低，治理的协同性和有效性不强。另外，行政机关在执行过程中的绝对控制经常导致权力越界，执行过程变得笼统与形式化，从而影响到决策的准确性和效果的明显性。由于这种碎片化的治理模式，资源无法得到合理配置，信息沟通出现阻碍，使得整个公共安全治理体系缺乏整体性和前瞻性。这些问题的存在并不意味着社会公共安全多元协同治理体系本身应该发展为碎片化或差异化的方向。相反，应该根据实际情况，采取因地制宜的策略，确保多元协同治理工作在统一的指导思想下开展，在强调各自责任的同时，强化部门间、社会各界之间的沟通和协作。社会公共安全多元协同治理的价值应当得到发挥，并且在具体行动中显现出来，使治理成果真正得以体现。

新时代的社会公共安全多元协同治理面临新要求，治理需以民主化为核心，一体化为导向，根据发展规律因地制宜、因人而异，促进跨区域、跨机构的协同并科学化、合理化安全工作。针对安全多元协同治理的变革，必须建立在民主治理之上，尊重个体，与网络化社会结构相呼应，强调公共领域的互动、合作与非等级性特性。治理要以自愿为前提，鼓励全民参与，符合协同治理的本质和推动民主化的基础。

一、构建多元协同机制：从信任建立到共同协作

为实现社会公共安全多元协同治理的预期效果，需改变推进模式，采用项目管理的方式，依据不同项目类型和特定领域需求，构建高效公共安全协同治理网络。不仅应对突发性安全问题，而且要整合机构、资源，以形成全面的协同治理模式，有效利用资源。政府应发挥关键作用，结合区域发展

需求，制定并支持高效合理的治理方案，确保政策顺利实施。同时，借助信息技术，建立警务信息平台，提高安全信息共享和响应效率，并专注于预防犯罪、人口管理等关键安全问题。最终，通过合理规划和常态化机制的运用，塑造积极的社会安全协同文化，以提升治理成效。在社会科学领域，实现良好的协同效果需对系统行为进行管理，发挥协同机制重要作用，通过政府、社会组织和个人的高效配合与信息共享，推动社会安全治理。科层制阻碍了协同效应，而项目式安全协同能降低协商难度，构建简化组织，优化协商渠道。还要考虑安全协作动力机制，通过规范性框架指明协同方向，保障公平正义，拓宽参与渠道。

社会公共安全的多元协同治理体系依赖于不同个体、组织及政府间的密切协作。此体系由三个主要阶段组成：建立相互信任、积极参与以及共同协作。每个阶段都对系统的顺利运转起着关键性作用。相互信任是体系运作的基石，在个体层面，信任基于个人的经验构建，受到个体的社会交往和文化背景的强烈影响。组织层面，则需要基于共享的目标和相互间的理解来构建信任关系，从而促进跨领域合作的形成，这有利于各类组织有效交流、资源共享。信任机制在治理体系中的重要性不容忽视。政府与公众之间的信任是推动社会治理的关键，只有建立了良好的信任关系，公众才会愿意与政府合作，参与到治理活动中来。如若信任链条断裂，治理工作就可能面临困难，进一步影响社会稳定和谐。为此，深化信任机制是确保系统运转流畅的前提。为了建设长期稳定的治理体系，建立制度上的信任不可或缺。这种信任能够指引各个社会主体在协同治理中明确自身的职责和权力。合理优化制度结构，有助于清晰界定各个角色，保证治理行动的条理性和统一性。制度层面的信任关系增强协作意愿，进一步可以在减少行政和交易成本、提升共同工作效率方面发挥作用。此外，协同治理涵盖了系统内外多种协作，形成相互依存和促进的网络。不仅内部制度要相互协调，外部组织的合作也需得到保障。合作伙伴之间的相互支持确保了信任机制能够适应时代的变化，持续稳定地发挥作用。这一点在面对新形势、新挑战时尤为重要，如在网络安全、大型公共活动和自然灾害等领域的应急管理中。为了社会公共安全多元协同治理体系的长远发展，需要各方面不断努力，加强合作，保持通讯，互相学习最佳实践，共同完善治理机制。加强社区参与意识、提升组织协作能力、优化政府治理策略等措施，都是建立稳定高效治理体系的必要步骤。通过这些努力，可以使治理体系更为强大，为公民提供一个更加安全和谐的生活环境。

在社会公共安全多元协同治理中，自愿参与成为第二阶段的核心。参与者开始认识到自己的责任，积极融入体系，不再仅是被动接收者。个人的自愿参与提升了协作意愿和组织认同，增强了项目组织的凝聚力。高凝聚力和合作精神的个体能够促进互助机制的建立，提高治理效率，直接影响社会成员的生活环境和质量。然而，实践中也存在障碍，政府干预可能引起市场机制失效、权力滥用和官僚主义，降低治理效率。执行程序的复杂性和形式化可能增加个体的时间和精力成本，降低透明度，减少自愿参与。社会信任基础的资金支持也增加了协同成本，导致自愿参与意愿降低。通常只有当安全行动与个人利益密切相关时，人们才愿意参与。为改善这些问题，需从两方面着手。首先，公共组织和领导者需要转变观念，积极引导公众参与基层治理，确保公众诉求和创造性行为得到满足。政府需认可并推动公众参与行为，确保创新行动合法并有效。其次，保障公众权利，优化社区安全信息公布制度，提高执行力度和透明度，完善信息查询渠道。同时，增强合作意识，强化政府与公众间沟通，促进信息共享，确保社区合作顺利进行。鼓励公众参与治理，共创安全和谐社会。

进入社会公共安全多元协同治理的第三阶段——共同协作阶段，互助机制取得明显成效，各方参与的积极性不断提升。此阶段的核心在于，政府、社区和公众等参与主体的角色被明确，利益协调机制得以完善，为公共服务提供有效路径。角色定位的清晰有利于优化决策过程，确保公共安全项目的正确执行和公众服务的质量。互助机制的发挥强化了个体和团体在公共安全中的合作，让社会成员不再是旁观者，而是参与者和共创者。公民的高参与度是多元协同治理效率提高的基础，它促进了公共利益结构的建立和完善。

第五章 公共安全多元协同治理的实现路径

互助合作由初级阶段向高级阶段演进，公共安全被认识为广覆盖、形式多样的共享服务。这一转变激发了公众的参与热情，提高了对犯罪预防的责任感和能力。在互助合作的基础上，社会公共安全成为一种协作性的产品，公众与专业安全机构之间的协调合作，提升了犯罪预防和处理工作的效率。互助的精神鼓励来自不同背景的个体和集体携手工作，加强社会网络和资源的整合使用，从而共同防范安全风险和应对公共危机。

对于建立多元协同治理项目，明确利益相关方诉求，满足多样化团体需求，体现了全面性的安全观念。公众承担的角色焕发新的能量，他们直接参与到社会安全治理中，实现人民群众需求与安全治理需求的有效对接，形成强大的公共安全网络。此外，推动公共安全体系持续发展的关键还在于信息流通和资源共享。打通信息壁垒，确保政府、社区及公众间的畅通沟通，是实现互助机制顺利运转的前提。开放渠道，促进共享平台建设，让公共资源的配置更高效，加快公共安全现代化步伐。协同的治理模式强调教育与培训，提升全民的安全意识和能力，创建一个安全文化，使治理工作得到社会的广泛认同和支持。公众需成为安全知识的学习者和传播者，才能在遇到安全挑战时作出得当反应，提高社会的整体复原力。多元协同治理体系的成功实施，要求政府转型，更新治理理念，依靠科技手段提升工作效率，同时保证人文关怀，注重保障民众的基本权益，让治理成果惠及每一个公民。最终，建立一个高效、协同、和谐的公共安全体系，为人民提供更加安全、有序和优质的社会环境。

有效利用社会力量，动员更多非政府组织和社会企业加强对这些群体的支援，保证他们也能够平等参与到社会公共安全的共同治理中来。政府在加强社会公共安全治理中不仅要完成角色的转变，还要透过政策支持和创新，确保开放式的参与机制，以激励公众投入到公共安全建设中。这包括制定亲民和公开的政策，举办研讨会、公听会，建立反馈机制，让民众的声音和建议被听见并纳入政策制定之中。如此，能够使政策更多地反映人民的真实需要与期望。社区是实现公共安全共同生产的重要阵地。亲密的社区联系和相互的合作为社区内的安全建设提供了基础。社区组织和志愿者团队应加强培训和引导，提升居民的公共安全意识和应对能力，促成社区成员之间的互信与支持。

在推动公共安全共同生产的过程中，公共服务供给应做到多样化和个性化，关注民众的多元化需求，提供灵活多变的服务供给模式。这种供给方式要求公共服务供给者具备高度的敏感性和应变能力，以适应不断变化的社会需求和突发事件。通过这些措施，可以提高社会公共安全治理的渗透力和有效性，最终实现全民共同参与的治理局面，构筑更加安全、和谐、有序的社会环境。政府、社区和公众之间的协作是实现这一目标的关键，他们的共同努力定义了社会公共安全的未来。

社会协同治理受激励机制驱动，且能在较低激励程度下产生深远影响。为稳固团队，需合理利用激励促进协同效应扩大。社会公共协同治理的实现，依赖政府、社会各方协作平衡公共与个人利益。可通过多元化政策、科学规划引导，特别在高专业性领域如医疗，须以信息共享和信任为基础，保证沟通顺畅和责任明确。对比分析主体优势，搭建高效信息平台，发现资源互补性，优化网络协作，以达到团队和谐目的。实施协同治理需要确立参与主体的责任机制，包括角色职责的明确、责任清单的制定、沟通及评价机制的建立，确保协同操作高效。多方面支援如政策、技术和资金等，是协同治理顺利推行的基石。协同激励源于识别并尊重不同主体特性，使其在安全领域发挥作用。加之内部激励，如精神层面的鼓励，以团队核心人物的权威和影响力为例，能塑造共鸣，促进协作。项目式安全团队倚重公共部门资源和经验，发挥自组织功能，推进信息共享和学习，目标设定和团队凝聚力促成密切合作。

二、提升群众安全感，推动协同治理

要提升公众的安全感，关键在于深入理解并优化社会公共安全的多元协同治理机制。在这一过程中,协同效应不只是几个单独元素的简单叠加,而是多方相互作用、相互促进的结果。根据协同理论,公众获得安全感的过程涉及多方面的因素。信任作为构建公众安全感的基石,需要通过透明的政策和反馈机制来加强。信息共享的畅通是提高社会治安反应速度的重要保障。社会参与的广度和深度体现了民众对安全事务的重视及愿意贡献个人力量的程度。政策实施的公正与效率直接影响了公共安全体系的信誉度和功能,政策须反映民众的需求并得到及时调整。此外,以预防为主的安全措施有效降低了犯罪发生的可能性。协同理论的应用在公共安全领域尤为关键。深层次的理论分析有助于我们识别安全秩序生成的机制,它涵盖了从日常社会互动到应急管理的多个层面。当公众能够预见和参与到协同治理的各个环节中,他们便能在危机来临时作出快速反应,这对于减少损失、消除危机具有重要价值。此外,为了深化我们对社会公共安全多元协同治理情况的理解,必须分析不同协同行为之间的相互关系。例如,安全监管机构之间的有效配合、公私部门的协作以及民众参与的程度都是影响协同效能的重要因子。必须清楚地认识到协同效应实现的条件和各参与主体的相互依赖。譬如,警方、消防部门、医疗机构以及社区志愿者的紧密配合,可以更快速、更全面地响应紧急情况,从而提升整体的安全治理效果。通过诸如危机演练、公共安全教育和技能培训等手段,不仅能够增强个人的安全应对能力,还能加深社会各界对于安全问题的认知和了解,从而促进有效协同的发展。而且,围绕安全领域的科技创新,如智能监控系统的应用,数据分析技术的进步,都能显著提高预防和应对安全威胁的能力,为社会安全的持续稳定提供保障。综上所述,提高公众安全感并非一朝一夕之功。它要求我们从政策设计到执行,从预防工作到危机应对,全方位地着手改进。只有如此,社会公共安全的协同治理才能真正发挥其强大的效能,确保人民群众的安全感得到实实在在的提升。

要增强公众的安全感,必须深刻理解和优化社会公共安全的多元协同治理效能。深入分析系统内各要素的相互作用是关键。公众安全感与社会治理效能密切相关，良好的治理能增强公众的安全和保障感。公众对安全治理的满意度能促使他们支持和遵循相关政策，进一步提升治理效果。组织体系的完善度对治理影响重大，关系到治理的效率和持续性提升。安全感本质上是个体内心的心理体验，反映了公众对治安状况和社会秩序的感受和评价，是衡量治理能力和人居环境的重要指标。对犯罪的态度心理，如犯罪恐惧感、厌恶感等，也与公众安全感相关。个人对环境的实际安全感知直接影响其安全感强弱。此外，心理学视角下的安全感包括对环境、社会治安和人际关系的综合感知。研究表明，社会公共安全感和社会治安之间的关系复杂。个体所在社会环境安全性的评价和对安全的信心是研究的焦点。自 80 年代以来，我国展开了公众安全感的深入研究，政府机构和民众通过问卷调查合作，共同探讨社会治理状况，将安全感作为衡量社会治理水平的标准。全国性的安全感满意度调查助推政府洞悉民众对治安的观点和感受，并据此施策提升治理水平。研究揭示公众安全感受到多方面因素影响，其中犯罪率是关键影响因素。犯罪率高低直接影响公众对治安的信心，进而影响他们对政府治理能力的满意度，直接关系到社会稳定。

公众安全感与所处社会环境的稳定程度紧密相关。和谐、稳定的社会能增强人们的安心感和归属感。吉登斯指出，社会安全感的形成基于个体间基本信任。本体安全感，即存在的安全感，来自个体心理体验和人与环境的互动。然而，现代社会信任基础变脆弱；城镇化发展和熟人社会的消散导致传统信任方式退化，影响个体安全感。提升公众安全感需构建个体与环境间的信任关系，增强凝聚力和社会稳定性，使公众能有效应对危机。但现代社会面临诸多挑战，如虚假信息、网络犯罪和经济压力，均威胁安全感。

公众的安全感常受到不确定性的影响，这主要源于公众对环境的不明确认识导致的恐惧和风险担忧。政府的治理能力和介入举措在其中扮演关键角色。若政府未能在重大事件发生后适时提供充分安全信息，公众可能会处于不断怀疑的状态，恐慌情绪随之升温，进而对社会和谐产生不利影响。为预防公众恐慌，制定有效而周全的安全信息发布系统至关重要。政府应建立迅速响应的安全信息发布机制，及时向公众传递准确信息，提升社会对突发事件的认知和应对能力。此外，安全知识的普及和培训同等重要，这有助于塑造公众的基本媒介素养，提高对信息的甄别和判断能力。推广健全的安全知识体系，促进公众对安全管理的理解。同时，建立安全信息共享平台，通过在线服务、社交媒体和各类信息发布渠道，确保信息迅速传播至每一个人。个性化安全服务构建起更加贴合民众需求的安全体系，增强公众的安全感和信任度。培养公众的媒介素养不仅有助于辨别信息来源和真伪，还可以减少谣言造成的恐慌与误解。负面信息及谣言对公众安全感的危害不容忽视。需要通过建立健全的辟谣机制，让公众及时获取官方的准确信息以平复不安的心情。加强信息公开和透明度，畅通官民沟通的渠道，让公众参与安全治理过程，以公众参与实现政府治理目标。法律制度在维护信息生态安全中起到基础性作用。加强法律制裁对虚假信息和谣言传播者起到震慑作用，保障公众舆论环境的健康发展。政府机构和社会组织应携手合作，共同维护网络安全和信息安全，将有害信息的影响降至最低。教育部门和媒体应倡导批判性思维的发展，使公众能独立思考判断，提高识别虚假信息的能力。安全教育应注重实践与经验共享，鼓励公众面对危机时保持冷静，增强解决问题的能力。社区和学校等基层单位应开展安全知识普及活动，增强居民的自我防范意识。总之，通过全方位的教育、信息透明度的提升、法律制度的完善，以及开放性的对话和协作，可以提高公众的安全知识水平，减少不确定性，打造一个安全稳定的社会环境。如此，公众的安全感就能得到实质性提升，为社会的长远发展奠定安全坚实的基础。

政府在社会治理中扮演着核心角色，其政策和干预措施对社会的发展具有重要影响。要使这一影响积极且深远，政府需认真执行自身职能。第一，政府必须关注安全信息的传播。创建多元通道以开放安全信息至关重要，减少由信息不平等造成的社会负面影响。政府可以利用传统媒体、社交网络等多种形式，推动信息的透明化和易于获取。第二，在不危及国家安全和保密的前提下，确保信息的及时公开是必不可少的。这样不仅保障公众的知情权，还能减弱恐慌，增强社会的安全感和预见性，缓解公众的疑虑。第三，公共安全治理的有效进行需要政府出台相应的政策和法规。通过法律的规范，明确责任和义务，引导社会各方面的行为，确保社会运行的有序性。第四，要建立高效的监督机制，针对各方面的活动开展监督和评估，及时识别和纠正问题，确保政策执行的有效性。

随着经济发展和市场经济的深入，公众对政府的要求提高，期望政府更负责任和透明。政府不明确的指令会引发公众疑虑，影响公众安全感。在信息泛滥的现代社会，政策理解和支持变得更为复杂，影响公众安全感。研究表明，可控感是衡量公众安全感的关键因素。公众在面对突发事件时，可控性越高，心理负担越小，反之则可能引发恐慌。国内公共治理与突发事件应对不足密切相关，这些不足影响了公共安全措施和公众安全感。改善公共安全治理是提升公众安全感的重要途径。政府有效控制公共安全将提高政策效果反馈，有助将社会事件后果维持在可控范围。政府治理结构和体制机制是公共安全控制能力的基础。政府需从宏观视角出发，科学规划发展策略，重视公共安全问题，完善应急管理，并通过风险监测、预警、宣传和教育活动加强大众安全意识和操作技能。

随着信息技术的发展，人们越发认识到风险管理对社会稳定的重要性。不过，社会的复杂性让风险控制成为一大挑战，加上社会结构的不稳定性，使得人们难以准确预测未来风险。这要求我们从广义角度出发，以人民为中心，更有效地利用信息和科技手段，提升社会的整体稳定性。社会稳定受制于系统的脆弱性，复杂社会的进步并不总是稳定的。应对变化需要深入理解社会元素之间的相互关系和内部规律，才能维持稳定。在重要的转型期，如中国当前的经济转型，群众需要认识到这一变革对稳定的关键性，并采取必要的预防措施。为了有效地预防问题进一步恶化，必须明确界定关键的边界。在社会运转中，重大公共卫生安全事件往往因种种因素的影响而向外扩散，给人们带来严重威胁，因此应对这些威胁的准备也异常重要。

协同理论强调各因素的重要性，它揭示即使最小的变动也可诱发大变革。

在我国，社会公共安全问题已成为影响经济发展的关键，在其中矛盾与冲突尤为明显。提升危机管理效能需紧密结合社会安全问题，并建立科学协同机制。协同理论可帮助理解社会公共安全混乱的根本原因，注意个体和群体行为对社会稳定的直接影响。情绪波动时，人们可能做出非逻辑行为，导致破坏原有秩序。社会恐慌是非理性行为的体现，与个体间紧密相连。个体的高自我约束力有助于防止社会动荡。社会恐慌内因受个体心理影响，外因则受社交网络和媒介作用影响。深度研究社交和网络对心理造成的影响，揭示这些影响短时间内可能导致非理性行为，至关重要。在社会发展中，公共安全已成为关键问题，恐慌情绪导致的认知偏差和情感波动需要注意。为减轻恐慌，需研究个体和群体行为与社会稳定的关系。社会系统中微小波动都可能诱发变革，甚至引起危机和安全感的削弱。因此，及时应对公共事件以防止或减轻危机造成的损害变得至关重要。协同理论为分析危机管理提供了工具，使我们能从限制非理性爆发及增强民众理性决策能力入手。民众需提升风险意识，政府要拓宽信息传播渠道制止负面情绪蔓延，并建立高效沟通系统，维护舆论环境。稳固的自组织性环境和完善的风险控制体系对保障有序社会同样重要。政府需及时处理突发事件，最小化人员伤亡和经济损失。总之，需要建立全面风险管理框架，合理管理影响因素，保持社会系统稳定。

持续有效的管理对社会公共安全有着根本性影响。在我国，伴随快速的经济和科技发展，公共安全治理面临诸多挑战，亟须创新管理模式与提升效率。多元协同治理模式因此成为解决社会公共安全问题的关键系统性项目，要求跨部门的合作和不同主体间的协调。然而，这种多元管理系统面临着内在冲突和矛盾，需要通过特定地域实践、经验积累和管理拓展来提高效能。社会公共安全治理不仅要到达宏观层面，还要深入到每一环节的具体实施中。这包括建立完善的信息系统、增强部门间合作，以提升管理质量，确保国家和社区层面的公共安全体系能随着形势发展而不断进步。同时，需要充分发挥各部门和企业间的联动效应，形成有效的应急响应体系，确保整体社会公共安全治理系统具备稳定可靠的特性。在加强社会公共安全治理时，合理设置网络节点，结合高端信息技术与人工管理，建立一个高安全系数的公共安全网络至关重要。这要求创新并摆脱传统模式的束缚，发挥政府及社区组织的职能，提升治理水平。居民应成为推动城市公共安全多元协同治理的动力源，其个人利益与社区公共安全的合作治理直接相关，影响参与度。随着经济发展和城市化加速，居民对生活环境的要求提高，对公共安全服务的满意度也随之增加。提升居民对公共安全服务的需求意识和满意度至关重要，政府应通过多种途径提高居民认识。为提高社区安全性，必须建立高效共享的公共安全平台。通过社区层面的细致工作、调整各种因素，保障多元协同管理有效，不断完善自我组织结构，以求取得更好的协同管理效果。当前，利用第三方力量推进公共安全协同管理是研究热点之一。在城市转型时期，民众对公共安全问题的关注增加。政府面临如何建设多元化社会安全管理体系的挑战。与第三方机构合作是有效策略，既提升政府服务能力，又提高公众参与度和公共安全问题的关注。

在具体执行公共安全治理的过程中，应持续优化监管体系，淘汰传统全责式监管模式，实现公共部门与社区的紧密合作。政府需培养专业人才，强化民众防范意识，建立完善的紧急救援体系。同时，引入先进科技推动资源整合，完善相关法规，提升管理效率。在日常工作中还应加强公众教育，提升他们的安全和社会责任意识，将之作为促进城市发展的重要动力。构建健全的应急响应机制，多中心协作下的政府主导，提高对突发事件的应对能力，降低安全事故率，确保人民生命财产安全。确保监管体系掌握权力，利用现代信息平台，收集监测数据，预测风险，并寻求合作伙伴提升安全管理水平。建立科学高效的安全监管机构，提升专业素质，强化管理能力，确保平稳运作。完善公众参与机制，加大宣传力度，提高政府信赖度，强化应对公共安全事件的策略。考虑各影响因素如社会资本，减少影响网络安全工作的负面效果，并整合资源进行有效管理。委托第三方专业机构参与网络节点的安全管理工作，在实践中发挥第三方角色，并与政府、企业和社会团体建立良好的合作伙伴关系。这有助于实现共同利益，保障多元协同治理的安全性，促进自组织的稳健和有序发展。政府应在网络安全中发挥关键作用，与企业和社区密切合作推动社区安全管理。引入第三方参与社区安全治理，构建合作框架来充分利用社会资源，并克服可能的安全威胁。为自组织体系的高效运作创建积极环境，建立互信，优化制度标准，加强监管。借鉴国内外经验，探索符合国情的社区管理模式，保障持续健康稳定建设。强化政府与企业间的合作，为社区提供全面服务，推动和谐进步。建设跨多部门的监控和管理体系，应对社区安全风险，评估成果，制定解决方案，保障社区稳定发展，并提升公众安全感。

第三节 转变观念，增进信任，加强平台建设

协同治理模式下，政府、市场和社会共治公共事务，这对外部环境要求更高。公共安全系统的复杂性使得多元协同治理成为可能。我国社会公共安全治理是个包含多因素的非线性动态过程。稳定有序的外界环境对协同治理至关重要。自组织理论认为，社会公共安全体系的演变是由无序到有序的过程，外部环境的支持对自我组织的转变至关重要，影响协同治理的建设和发展。政府思维转向灵活安全手段；公共安全治理受众多因素影响，政府的治理认知将直接决定未来的建设、发展方向。社会转型期市场经济和民主政治发展导致民众参与意识增强。政府合法性建立在公民接受和服从国家权威之上，包括形式上和实质上的合法性。政府合法性取决于公众对其管理活动的认可，现代政府核心合法性体现在政府与民众互动交流中。因此，确保政府治理过程中获得公众信任，形成有效发挥作用的机制极为关键。构建和谐社会，应对复杂安全问题需要新的公共管理模式。社会转型关键阶段，利益相关方多样化，要建立能在各领域内和谐互动的体系来应对。随着改革不断深入，经济全球化加速，社会安全问题突出，有效化解危机成为重要课题。鼓励不同参与者进入公共危机管理，建立高效多元共治机制，预防与处理并重。

一、改变对于刚性管理的传统观念

刚性安全观强调政府的角色和作用,强调用法律和强制措施打击犯罪,保护社会稳定。以人为本的柔性安全观,重视社会治理的多元化和包容性,勇于创新,不断调整和优化治安策略。警务工作应注重温情和亲民,通过教育和社会服务提升民众的法律意识和社会责任感。整体而言,公安部门应当拓展刚性安全与柔性安全的结合,在刚性法律框架内灵活运用多种手段,积极预防和解决社会治安问题。持续推进法治教育,强化警民沟通,提升防范意识,从而建立一个更和谐、更安全的社会。通过这种方式,可以增强公安工作的全面性和长效性,为民众提供一个更稳定的生活环境。

需建立以人为本的柔性安全观,重视引导个体行为,多措施预防危机事件。柔性安全观强调尊重生命、差异宽容,是积极的价值观念。警察采纳柔性理念能迅速解决问题,提升工作效率和素质,创新传统管理。警务执行需建立政府领导、部门合作、企业协作、公众参与的模式。为增强警务,应构建和谐有序社会,高效配置治安资源,完善法规,建立评估机制,加强宣传以促进合作、交流和进步。随着经济增长,公众对社会公共安全治理的关注提高,我国政府已采用多种策略应对危机,历史上依靠政策工具执行措施,组织和个体受到约束。警务结合多元治理方式可迅速获得新机遇,为社会公共安全治理提供新思路和方法。

二、以信任推动合作

认同感,与个体对所属社会的归属感、价值感有关。人们需要感觉到自己不仅在物理上存在,而且在社会中占有一席之地,被认可并贡献着价值。这种感觉让人们愿意为社会的持续和谐与繁荣做出努力和牺牲,它促使个体在面对公共事务时表现出积极的态度。然而,当这些非契约关系的要素不被充分重视时，社会关系便可能会发生严重裂痕。缺乏共同价值观和认同感将导致社会成员间的猜疑和隔阂。这种怀疑态度深植于个体对他人行为的解读中，个体可能不再相信别人行为背后有无私或是出于共同利益的动机，反而认为所有行为都是自私的利益驱动。当社会事件或危机发生时，这种缺乏信任和共识的情绪会被放大。若社会成员已经对社会结构、权威或政府抱持怀疑态度，这种事件可能会成为集体不满爆发的引线。人们可能因为感到被边缘化、不被尊重或是利益被忽略而聚集起来，从而引发群体性事件，这种情况下，社会的稳定和秩序会受到影响。解决这一问题的关键在于加强社会的共同价值观和认同感。这意味着不仅需要在教育上，也在政策和日常行为上推广和巩固一套普遍被接受的社会准则。通过增强社会团结性、推动包容性政策，并透过公开对话来缩小不同群体之间的差异，社会才能良性发展。总之，共同价值观和信仰是维系现代社会顺利运转的关键。缺乏这些基础性要素，社会就可能陷入混乱与冲突。因此，维护和强化这些价值观和认同感，是每一个社会成员以及整个社会结构都应当承担的责任。通过提升这些非契约关系的价值，确保每个个体在社会中感到被重视和尊重，社会整体才能和谐而稳定地运行。

社会转型期，公共安全面临多元复杂挑战，其中政府公信力变化尤其关键。随着社会信任变化，传统的"习惯性"信任受到冲击，人们不再如以往那样盲目信赖。这种转变增加了社会交往成本，降低了个体对工作和他人的专注和满足感。社会上的信任形式在经历转型。在新的社会结构和价值观挑战下，传统家庭的信任被打破，替代的是建立在契约和合作基础上的信任关系。但这样的关系建立和维护需要时间，而在此过程中，新旧信任模式断裂可能引发危机。经济发展虽带来新机遇，却也导致社会不平等。政府与公众的"契约式"信任建基于法治，但过度依赖合同和协议可能导致纠纷、权益受损，消耗解决问题的成本和时间。与之相对的是"合作"信任，它基于共同的目标和价值，促进多方力量协同发展。然而，当前政府与民众之间的互动仍多基于个人利益和法律条款。社会转型中不确定性增加，沟通障碍和利益冲突频发，导致不同形式的不信任现象，进而降低社会凝聚力和危机应对能力，增加了公共安全的压力和风险。这些问题需引起重视，有效治理机制的建立和危机应对策略的制定，对保障社会稳定与安全至关重要。

民众对政府的信任影响着公共政策的执行和社会和谐。信任度低时，政府政策难以获得支持，容易引发不满和社会矛盾。同时社会变革引起的利益重组也加剧了政府和民众间的期待差距。过往的转型研究表明，社会信任下降会降低政府政策的有效性。例如，在美国，政府信任度从1958年的73%下降到1994年的15%。公众对政府的期望上升，包括希望政府提供较高质量的公共服务和重视可持续发展。若政府未能与民众的期望相符，信任度受损。在促进公共安全的多元化协同治理方面，信息技术和社交媒体扩展了民众获取信息和参与社会公共事务的途径，增加了政府信任形成的复杂性。媒体的报道和解读政府政策的方式，以及政府的社会福利投入，都是构成政府信任度的关键因素。优质的福利保障有助于强化政府和公民间的信任关系。处理各种社会危机的能力也是衡量政府信任的另一重要标准。有效解决环境、社会不平等等问题可提升民众的信任。反之，处理不当会削弱政府形象，降低民众信任。政府要提高危机应对能力，增强媒体合作，提升福利水平，让民众感受到效益。同时，提高公众素质和社会安全意识也是关键，协助实现多元化协同治理的目标，确保政府行动得到民众支持，进而增强公共安全。

要实现社会公共安全的协同治理，提升公共信任极为重要。在此过程中，我们可以从以下三个方面着手。首先，集体行为往往受个人理性选择驱动，但是信息不对称和认识误区可能导致集体的非理性反应。以垃圾填埋场建设反对为例，居民出于担忧健康风险而反对，并可能演化为群体性事件，反映出政府与公民间有效信息交流的缺失。奥尔森中强调，大型集体在共识形成和行动执行上存在困难，主要由组织惯性和信息不对称造成。因此，提高个体间的信任可增加集体行动的参与度和预期效果，加强治理合作。其次，优化公共组织间信任关系可以促进信息流通和协作。例如，公安部门与消防部门信息共享会增强灾害应对协调。然而，合同框架内的责任界定并不足以保障网络成功,信任的缺失会妨碍知识共享,增加协作的困难。因此,信任的建立对于有效的公共安全网络构建至关重要。最后,改善社会信任关系有助于降低组织成本。一方面,从科层制组织的角度看,增强非正式沟通可减少沟通成本。在网络化组织中,信任对管理成本有显著影响,缺乏信任会导致监督成本上升。另一方面,公众与政府间信任动力有助于减少社会参与公共事务的成本,并提升情报的质量。社区犯罪预防需要社区的组织性和凝聚力,这受居民内部和对社区的信任程度影响。高信任度有助于降低执行成本,实现高效治理。综合来看,信任不仅促进合作,而且有助于信息共享和知识交流,最终减少安全管理的总体成本。要有效提升公共信任,政府需确保信息透明度,参与公共沟通,以及作出公正合理的治理决策,从而构建一个共建共治的社会公共安全治理体系。通过这三个方面的努力,我们能够在不断变化的社会转型期间,适应新的治理挑战,有效提升社会公共安全的整体水平以及群体和个体的参与度,形成协同的安全治理格局。

三、加强协同治理的平台建设

随着科技的发展,互联网已成为信息传播的重要渠道,网络舆论也因此成为影响社会动态的关键因素。网络上出现的恐慌、误解或人肉搜索等情况对社会安全构成威胁。在此背景下,政府和社会组织需共同努力,密切关注网络舆论动向,适当引导。维护网络舆论稳定,不仅仅是简单的监管和控制,更要注重引导,确保信息传播的准确与健康。必要时,政府要及时介入,纠正不实信息。同时,应加强信息公开与透明度,让公众及时了解真实情况,获得必要的知识和信息,减少误解和恐慌。政府应支持媒体从业者的专业培训,帮助他们更好地处理和传播信息,同时也要教育公众如何甄别并处理网络信息。通过增强媒体素养,可以促进公众正确认识网络舆论的重要性,更加理性地参与舆论交流。另外,政府应鼓励多元的社会交流。通过多种渠道和平台,使不同背景和观点的人群有交流的空间,增加理解和包容。多方的视角交流与碰撞，有助于形成更加全面和客观的舆论环境。构建柔性社会的公共安全是一个系统工程，涉及法律、激励、互联网舆论等多个方面。政府需站在时代前沿，结合立法、监管、引导等多种措施，推进柔性社会公共安全的建设。在此过程中，政府应注重发挥法律框架的作用，设计合理的激励机制，并处理好网络舆论的引导和控制问题。通过联合社会力量，树立正确的公共安全观念，政府和全体公民共同参与维护社会和谐稳定，促进安全治理的长效机制建立。这不仅能够加强社会凝聚力，还能有效地提升公共安全水平，最终实现柔性社会的目标。

为了提升网络治理的积极性，政府还需推动多元参与，鼓励公众、社会组织、企业等发声，形成良性互动的网络舆论环境。在双向交流和多样化合作中，我们能够更有效地促进公共安全的长期安定。总体而言，推进柔性公共安全建设是一项宏大且复杂的任务，它需政府采取灵活变通的策略与措施，建立坚实的法规基础，搭建全面的协同治理体系，并不断强化公民网络责任感和参与意识，引导网络舆论向有益方向发展，从而保障和促进社会和谐稳定。从某种意义上说，政府想要建立协调治理平台，想要实现准确判断网络舆论问题是否符合自组织的要求，需要深入考察两个方面的问题。首先，在组织的长期形成和发展中，其是否能够不受内部和外部信息输入的影响，维持其原有的结构和行为模式；其次，组织系统是否能够从早期的混乱、无序状态逐渐过渡到一个有序、规则的状态。当这两个方面的要求得不到满足，或者说组织系统的发展处于某种临界状态时，社会公共安全很可能陷入混乱和无序的状态。实际上，通过对大量案例的研究，我们可以发现，很多由集体协作行为引发的社会公共安全事件的背后，往往与网络舆论的混乱有着直接的关联。面对这种情况，传统的刚性安全理念及其所依赖的压力稳定模型显得捉襟见肘，很可能无法有效地遏制混乱舆论的传播和发酵，反而加剧群体的负面情绪，导致更为严重的社会冲突。

数字化手段如大数据分析、人工智能等应用在平台中，可以帮助政府快速响应舆论动态，提前预测和预防可能的社会动荡。然而，在采用这些技术

第五章　公共安全多元协同治理的实现路径

手段时，安全性和隐私保护非常重要，以防技术漏洞或管理不善成为新的安全隐患。此外，政府还应发挥"情报"中心的作用，预防和打击犯罪。随着犯罪形式日益多变，政府需要建立综合"情报"中心，收集和分析犯罪信息。此中心须与警务信息系统深度整合，共享数据资源。深化跨部门、跨地域的信息交换、分析、预警和打击犯罪活动，以提高公共安全治理能力。同时，为了实现有效的信息传播和管理，社会公共安全必须追求技术的革新，保持数字化工具的前沿性。同时，要教育公众如何正确使用这样的工具，提高他们对技术优势和潜在风险的认识。政府应加强与公众的信任关系。通过危机沟通和社会心理指导，政府能够减少公众的紧张感，增加社会的整体韧性。这种信任还可以通过不断更新和发布关于公共安全的教育资料来增强，使公众有准备地面对各种安全挑战。最后，要确保构建的安全管理和信息平台，能够公共安全领域发挥作用，如防灾减灾、公共卫生、环境保护等。公共安全的数字化不仅是技术问题，还是一种管理和政策的创新。

在现代社会的公共安全治理中，高效的评估机制变得尤为关键。通过该机制，可以确保协同治理的成效得到准确衡量。但是评估工作也面临不少挑战。其中，防范措施的制定与执行常常受到政绩考核的影响，导致安全管理重视短期效应而忽视长远规划。另一方面，社会公共安全信息平台的运作依赖于跨部门协作和信息共享。但是由于权责分界不明确，导致绩效考核难以实现公平性，这种模糊性在很大程度上影响了信息平台的有效运行。因而，完善信息平台的建设和管理模式显得尤为必要。平台应以预防为前提，设计成包括网络舆情、刑事犯罪等多个模块的系统，力求全面覆盖可能影响公共安全的各个方面。科技的发展为公安信息系统的升级提供了强大动力。目前，各类信息系统正在整合人员、车辆、通信等多方面的数据，形成统一高效的管理网络。积分预警系统建设也正在推进，旨在通过科技实现更精准的管控和动态防控，从而提高预警和应对紧急事件的能力。面对有组织犯罪、国际恐怖主义以及技术进步带来的犯罪隐蔽性不断提高的挑战，全球范围内的公共安全议程迫切需要将其视为需要多方协作的复杂问题。新媒体的兴起也加速了不利信息的传播，增加了公共安全治理的难度。在这种背景下，公共安全的协同治理被放在了前所未有的重要位置。现代治理理念认为，公共安全不仅是警务机构的责任，更要动员各方公民和政府共同参与其中。这样的参与模式也加大了社会组织和公民在维护安全方面的责任和角色。协同治理亦需要网络化的资源供给机制。这种机制能够扩大社会公共安全的参与范围，吸引更多的社会组织和公民主体参与其中。通过网络化供给，能有效引入新的资源，促进治理体系的民主化、规范化，并在这一过程中形成更为完整的治理机制。治安管理部门需要与社会组织、企业、市民等多个利益相关方建立伙伴关系，形成一种新型的社会共治模式。在这种模式中，各方通过合作，共同贡献资源和智慧来形成解决问题的方案。同时，信息共享和透明性是这种模式有效运行的关键，它要求公共安全信息能够快速、准确地传递给所有关系方，以便及时采取行动。为了实现协同治理的良好效果，公共安全评估机制也需要进一步完善。需要建立一种科学、客观、多元的评估体系，能够从多角度、多层次检验和验证安全治理的实效。评估结果应用于进一步决策制定，引导政策走向更加精准、有效的方向。总之，公共安全的协同治理要求每一位成员都需要承担起责任，政府、民众和社会组织之间的沟通和协作是提高公共安全治理水平的关键。只有努力克服现有的诸多挑战，不断提升信息平台的效能，深入推进科技的应用，强化多元协作的治理体系，完善相关的评估机制，才能在保护社会安全方面取得长远和有效的成果。

结 论

公共安全的协同治理是一个动态演进的过程，它需要适应时代发展的需求。执法部门要持续进行能力提升和创新实践。社会公共安全的治理模式要与时俱进，逐步完善和创新，确保社会的长期稳定和人民的幸福安康。在构建公共安全协同治理的同时，必须确保各组成部分之间有效沟通，保障信息的流通和反馈。多方参与下，公共安全治理应以民众利益为核心，实现从被动应急到主动防范的转变。通过这样的系统而全面的治理模式，我们可以期待一个更加安全和谐的社会环境。

在快速发展的社会背景下，公共安全系统的治理成为维护稳定和安全的重要环节。应从多元复杂的视角综合考量公民、环境、社会秩序和网络信息等因素，采取系统化视角处理公共安全事件，做出合理决策。影响公众安全感的关键因素包括犯罪率和灾害发生频率等，需要通过提升多层次的公共安全网络体系来加以应对，并加强公共安全和应急管理力量。政府在社会治理中领导与服务相结合，依托科技实现公安信息化，推动资源共享，激励社会力量参与公共安全治理。多元协同治理要求政府、市场和社会共担责任，形成联合防控网络。进行此治理时需考虑环境变化，按需选择应急或日常预防模式，特殊事件应急响应体系需权威集中。技术和机制创新助建更安全社会网，提高应对灵活性，保障稳定性与反应迅速性，明确权责划分，摆脱责任不清状况。结合现代信息技术，要构建高效、智能、人性化治理体系，满足新时代安全需求，不断创新完善公共安全体系，保障社会稳定和公众安全。为了提升协同治理效能，还要深化公共信任，提高政府透明度和可信度。通过优化政务公开、强化责任追究和加强舆论监督等措施，可以有效增进公众对政府工作的信任。我们还需要重新思考和优化社会公共安全网络的管理模型，利用最新的科学技术手段，如大数据分析和人工智能，提高安全监测和风险评估的准确性，发掘更加高效的治理途径。总之，结合系统动力学理论与社会公共安全协同治理，可以推进资源的合理配置和信息技术的有效应用，构建起一个更为科学、高效、开放和人性化的社会公共安全治理体系，实现公众更广泛的参与，增强公众的安全感，形成一个稳定和谐的社会环境。

参考文献

一、中文文献

1. 中文著作

丁煌：《西方行政学说史》，武汉：武汉大学出版社 2017 年版，第 7—30 页。

李培林、李强、马戎：《社会学与中国社会》，北京：社会科学文献出版社 2008 年 9 月版，第 17—28 页。

王宝明、刘皓、王重高：《政府应急管理教程》，北京：国家行政学院出版社 2013 年 1 月版，第 16—21 页。

袁方：《社会研究方法教程》，北京：北京大学出版社 2015 年版，第 12—31 页。

张成福、党秀云：《公共管理学》，北京：中国人民大学出版社 2007 年版，第 29—35 页。

朱光磊、张志红：《政府与非营利组织关系研究》，北京：商务印书馆 2015 年版，第 22—29 页。

2. 中文译著

〔美〕戴维·奥斯本、特德·盖布勒：《再造政府：企业精神如何改革着公共部门》，唐兴霖译，北京：中国人民大学出版社 2010 年版，第 1—89 页。

〔美〕珍妮特·V. 登哈特、罗伯特·B. 登哈特：《新公共服务：服务，而不是掌舵》，丁煌译，北京：中国人民大学出版社 2010 年版，第 15—45 页。

〔德〕乌尔里希·贝克：《风险社会：新的现代性之路》，何博闻译，南京：译林出版社 2018 年版，第 11—30 页。

〔美〕马丁·因尼斯：《解读社会控制：越轨行为、犯罪与社会秩序》，陈天本译，北京：中国人民公安大学出版社 2009 年版，第 95—96 页。

〔澳〕洛林·梅热罗尔、珍妮特·兰斯莉：《第三方警务》，但彦铮等译，北京：中国人民公安大学出版社 2013 年版，第 49 页。

〔美〕李普塞特：《政治人：政治的社会基础》，张绍译，南京：江苏人民出版社 2013 年版，第 32—38 页。

〔美〕戴维·H. 罗森布鲁姆等：《公共行政学：管理、政治和法律的途径》，张成福译，北京：中国人民大学出版社 2002 年版，第 23—29 页。

〔美〕埃莉诺·奥斯特罗姆：《公共服务的制度建构——都市警察服务的制度结构》，毛寿龙译，上海：上海三联书店 2000 年版，第 20—21 页。

3. 中文期刊

曹海军、王梦：《社区公共安全合作生产的行动逻辑与实现机制——基于 Y 市"零纠纷"建设的案例分析》，载《中国行政管理》，2023 年第 39 卷第 10 期，第 149—157 页。

曹现强、赵宁：《危机管理中多元参与主体的权责机制分析》，载《中国行政管理》，2004 年第 7 期，第 56 页。

陈道银：《风险社会的公共安全治理》，载《学术论坛》，2007 年第 4 期，第 44—47 页。

陈美华：《信号分析视角下公共安全治理模式转型的情报工作研究》，载《情报理论与实践》，2023 年第 46 卷第 10 期，第 40—45 页+第 39 页。

陈朵、高芙蓉：《论大数据技术预防公共安全风险之界限》，载《社会科学家》，2023 年第 8 期，第 110—116 页。

代海军：《公共安全治理模式转型的法律规制研究》，载《中国法律评论》，2023 年第 3 期，第 194—205 页。

戴康、陈鼎祥：《社会公共安全治理外包的经验探索与逻辑阐释——基于上海市 H 区公共法律服务的个案研究》，载《公共行政评论》，2023 年第 16 卷第 3 期，第 82—99 页 + 第 197 页。

丁煌、宫紫星：《公共安全治理视域下政府运行保障的形态演变与发展方向》，载《北京行政学院学报》，2024 年第 3 期，第 31—43 页。

董婷、鲍婷、熊华英等：《四川省 15 岁及以上农村居民住院卫生服务利用现状及其影响因素的研究》，载《中国卫生事业管理》，2015 年第 9 期，第 688—691 页。

董幼鸿：《社会组织参与公共安全风险治理的困境与优化路径——以上海联合减灾与应急管理促进中心为例》，载《上海师范大学学报（哲学社会科学版）》，2018 年第 47 卷第 4 期，第 50—57 页。

杜华：《公共安全与个人自由的悖论：林肯与美国内战期间人身保护令的终止》，载《外国问题研究》，2023 年第 4 期，第 18—31 页。

范维澄：《构建智慧韧性城市的思考与建议》，载《中国建设信息化》，2015 年第 21 期，第 20—21 页。

龚维斌：《打造共建共治共享的应急管理体系》，载《社会治理》，2017 年第 10 期，第 19—23 页。

何春阳、史培军、李景刚等：《基于 DMSP/OLS 夜间灯光数据和统计数据的中国大陆 20 世纪 90 年代城市化空间过程重建研究》，载《科学通报》，2006 年第 7 期，第 856—861 页。

侯雷：《公共安全服务供给的基本机制及其整合——以城市社会治安服务为例》，载《东北师大学报（哲学社会科学版）》，2014 年第 3 期，第 58—62 页。

黄金兰：《浅析"四棱锥"型公共危机管理机制的构建》，载《中共乐山市委党校学报》，2008年第5期，第28页。

黄智宇：《生态保护与防灾减灾协同治理的法典编纂方案》，载《江淮论坛》，2024年第3期，第98—107页。

江溯、朱源哲：《以危险方法危害公共安全罪一审裁判规则研究》，载《法律适用》，2024年第1期，第127—139页。

季学伟、翁文国、倪顺江等：《突发公共事件预警分级模型》，载《清华大学学报（自然科学版）》，2008年第8期，第1252—1255页。

兰贵兴：《公共安全管理的战略思考》，载《中国公共安全（学术版）》，2008年第1期，第14—17页。

李楠楠、赵秋雁：《府际财政应急援助的嵌入式协同治理机制构建》，载《行政管理改革》，2024年第2期，第35—44页。

李明、田万方：《公共安全治理模式融合转型溯源：2004—2006年浙江台风防御理念与实践》，载《行政管理改革》，2023年第7期，第13—24页。

李瑞昌、唐雲：《纵向干预下政府公共安全学习论》，载《复旦学报（社会科学版）》，2024年第66卷第1期，第182—191页。

李泉：《治理理论与中国政治改革的思想建构》，载《复旦大学学报（社会科学版）》，2014年第2期，第138—145页。

李维安、孟乾坤、刘昱沛等：《公共卫生危机应急协同治理——基于火神山医院和红十字会的案例分析》，载《工程管理科技前沿》，2024年第43卷第3期，第8—17页。

李燕凌、苏健：《数字赋能公共安全治理模式转型的制度创新研究——基于动物疫情防治模式转变实践的分析》，载《中国行政管理》，2023年第39卷第10期，第140—148页。

李军、刘洋、李军明：《西南民族村寨振兴的多元协同治理路径研究》，载《广西民族研究》，2024年第1期，第164—174页。

李秋芳、汪文雄、崔永正、陈丹玲：《组织关系视角下全域土地综合整治多元主体协同治理的逻辑框架与网络形式》，载《自然资源学报》，2024年

第39卷第4期，第912—928页。

刘杰、龚维斌：《十八大以来我国公共安全体系建设的理念与实践创新》，载《福建行政学院学报》，2018年第1期，第11—18页。

刘敏、李小玲：《以行政协同治理推动区域协同发展——成渝地区双城经济圈协同推进机关事务标准化工作范例》，载《重庆大学学报（社会科学版）》，2024年第30卷第3期，第290—305页。

刘天琦、刘帅：《区域协同治理的财政逻辑与路径选择——以长三角为例》，载《东岳论丛》，2024年第45卷第5期，第148—156页+192页。

强宇豪、燕继荣：《从"治安"到"治理"——协同治理理论在群体性事件治理中的应用》，载《陕西师范大学学报（哲学社会科学版）》，2024年第53卷第2期，第135—144页。

任懿平：《基于大数据的公共安全治理路径分析》，载《现代信息技术》，2019年第18期，第190—191+194页。

上官莉娜、徐云鹏：《从"化繁为简"到"繁简相生"：公共安全政民合作治理的过程机制研究——以深圳市B区义警为例》，载《求实》，2024年第1期，第57—70页+111页。

宋宜猛、薛玉晓、刘伟：《公共安全管理GIS的应用探讨》，载《中国公共安全（学术版）》，2010年第2期，第11—13页。

孙粤文：《大数据：现代公共安全治理的新策略》，载《城市发展研究》，2017年第2期，第79—83页。

孙运宏、张卫：《新时代公共安全体系建设的逻辑转向与实现路径——基于大安全大应急框架的分析》，载《江海学刊》，2024年第2期，第131—139页。

唐皇凤、王锐：《韧性城市建设：我国公共安全治理现代化的优选之路》，载《内蒙古社会科学（汉文版）》，2019年第40卷第1期，第46—54页。

汤喆峰、刘琦：《公共安全治理转型下的个人信息法律保护困境与出路》，载《科技与法律（中英文）》，2024 年第 3 期，第 37—44 页。

王海建：《数字技术赋能协同治理：长三角数字政府建设一体化的推进策略》，载《湖南社会科学》，2024 年第 1 期，第 86—94 页。

王菡、单菁菁、苗婷婷：《公共安全视角下城市应急物流供需平衡与优化配置研究》，载《城市问题》，2024 年第 2 期，第 57—66 页。

韦彬：《跨域公共危机治理：功能碎片化与整体性治理》，载《学术论坛》，2014 年第 37 卷第 5 期，第 69—71 页。

夏一雪、韦凡、郭其云：《面向智慧城市的公共安全治理模式研究》，载《中国安全生产科学技术》，2016 年第 4 期，第 100—105 页。

薛喆、曹海军：《基层公共安全治理的指标俘获现象透视》，载《理论探索》，2024 年第 1 期，第 88—94 页。

姚志奋、王保民：《政府数据开放的公共安全悖论及其法治策应》，载《中国科技论坛》，2023 年第 8 期，第 139—149 页。

尹楠楠：《协同治理模式下美国"真相衰退"概念的构建》，载《美国研究》，2024 年第 38 卷第 2 期，第 109—126 页+第 7 页。

郁建兴、王诗宗：《治理理论的中国适用性》，载《哲学研究》，2010 年第 11 期，第 114—120 + 129 页。

杨朦、李智成：《"双碳"目标下政府减污降碳协同治理结构及生成路径研究——以北京市为例》，载《中国地质大学学报（社会科学版）》，2024 年第 24 卷第 3 期，第 73—82 页。

杨小兰：《公共安全治理中的社会参与机制研究》，载《中国行政管理》，2016 年第 5 期，第 56—60 页。

姚建平：《公共安全治理的多中心模式研究》，载《中国行政管理》，2017 年第 3 期，第 78—83 页。

叶继红：《公共安全治理的社会化路径探析》，载《理论探讨》，2015 年第 2 期，第 125—128 页。

于建嵘：《当前我国群体性事件的主要类型及其基本特征》，载《中国政法大学学报》，2009 年第 6 期，第 114—120 页。

余潇枫、李小云：《乡村振兴背景下农村公共安全治理研究》，载《农村经济》，2019 年第 3 期，第 1—7 页。

张海波：《社区在公共安全管理中的角色整合与能力建设》，载《江苏社会科学》，2011 年第 6 期，第 66—71 页。

张京祥、李薇、张峰瑞：《新时代中国区域协同治理解析与关键议题探讨》，载《城市规划》，2024 年第 48 卷第 2 期，第 4—11 页。

张陶、曹惠民、王锋：《公共安全治理中公众参与困境与对策》，载《城市发展研究》，2019 年第 26 卷第 9 期，第 6—9 页 + 第 24 页。

张玉磊：《整体性治理：当前我国公共危机治理的模式选择》，载《中共浙江省委党校学报》，2013 年第 29 卷第 5 期，第 105—110 页。

张雪：《社区公共安全治理的公民参与——基于社会资本的视域》，载《安徽农业大学学报（社会科学版）》，2015 年第 24 卷第 1 期，第 84—88 页 + 第 131 页。

赵敬丹、王欢：《数字化协同治理促进乡村产业振兴的实践分析——基于 S 市 L 区案例研究》，载《学习与探索》，2024 年第 4 期，第 133—140 页。

周超、樊虎：《边疆民族地区输入型公共卫生安全风险的制度协同治理机制研究》，载《民族学刊》，2024 年第 15 卷第 3 期，第 39—45 页 + 第 133 页。

周芳检、何振：《大数据时代公共安全应急管理面临的挑战与应对》，载《云南民族大学学报（哲学社会科学版）》，2018 年第 1 期，第 117—123 页。

朱武雄：《转型社会的公共安全治理》，载《东北大学学报（社会科学版）》，2015 年第 5 期，第 415—419 页。

朱正威、吕书鹏：《城市社区公共安全管理绩效评价研究》，载《西安交通大学学报（社会科学版）》，2011 年第 31 卷第 6 期，第 58—62 页。

张紧跟：《公共安全治理的多元主体协同机制研究》，载《中国行政管理》，2018 年第 7 期，第 37—42 页。

赵秉志：《风险社会与公共安全法治保障》，载《法学研究》，2011年第5期，第3—15页。

周光辉：《公共安全治理的系统思维与整体性推进》，载《中国行政管理》，2019年第2期，第22—28页。

二、外文文献

Barbara Kozuch, "New Requirements for Managers of Public Safety Systems", *Procedia-Social and Behavioral Sciences*, Vol. 14, 2014, p. 343.

Eddie W. L. Cheng, Neal Ryan, Stephen Kelly, "Exploring the Perceived Influence of Safety Management Practices on Project Performance in the Construction Industry", *Safety Science*, Vol. 50, No. 2, 2012, pp. 363–369.